庫

ことわざの論理

外山滋比古

筑摩書房

目次

ことわざの論理

ことわざ好き

ことわざというものが、どうして生れるのか。考えてみると、不思議である。それが、どこの国にも、申し合わせたようにあるのは、いっそう不思議である。

さらに、方々の国のことわざが、おもしろいように符合する。ことわざには、同工異曲のものを外国にも見出すことができる。もし、よその国に対応するものがないようなら、それはその民族、社会に固有な面を反映することわざだと考えてよい。

やはり、人間に共通する心理があって、それによって、あちらこちらで同じようなことわざを生み出すのであろう。ことわざを手がかりにして、人間の普遍的な〝こころ〟をさぐることができそうな気もする。同時に、国々に固有な見方や感じ方も浮き彫りにできる。

ことわざは庶民の知恵であるところが、うれしい。学校教育が普及すると、〝耳学問〟を軽んじる傾向がつよまる。何となくウロンなもののように見る向きもすくなくないが、ことわざは長い間、語り伝えられてきた生活の英知である。めったなことではたじろがない。書斎で生れた知識や思想とは違った、しぶとさをもっている。実生活においてものをいうことが多いのは当然である。

いまは変化の時代である。ことばについても、これまでの伝統が後退しようとしている。ことわざは語り部の文化だが、新しい語り部があらわれようとしているということは、古い語り部が引退しつつあるということでもある。

この語り部の交替のスキに、いろいろ思いがけないものが消え去らないともかぎらない。ことわざの中にも、すでに、そのあおりを受けて、忘却の坂をころがり落ちようとしているものがすくなくないように思われる。

この本は、ことわざ好きな人間が、ことわざ好きな人を頭において書かれたものである。ことわざの底を流れている論理と心理について、思ったこと、考えたことをあれこれ自由にのべた。

こういうふうに考えるべきだ、などというつもりはない。そんな見方もあるのか、というくらいの軽い気持でお読みくだされば、ありがたい。

書名は『ことわざの論理』とあるけれども、面倒な理屈があるわけではない。ひとつひとつのことわざを貫くものを追ってみた。ことわざの裏にあるものを凝視するのは、人間を理解するもっとも有効な方法だろうと思っている。

転石、苔を生ぜず

じっとしている方がいいか。活発に動きまわるのが望ましいか。ときと場合によって違うから、一概には言えない。ただ、こういうことは言えるのではあるまいか。だいたい世の中が落着いて平和なときには、どっしり構えているのがよしとされる。やたらに動かれてはハタが迷惑するからである。現状維持で行こうということになる。きのうのことはきょうもつづき、きょうのことはあすもその通りになるだろう。

逆に、新しいことをどんどんして行かなくてはならない世の中では、みんながぼんやりお茶をのんでいたりしていては都合が悪い。精力的に仕事をする人を尊重する風潮が自然に生れる。

ことばもそういう世相や感じ方をかなり敏感に反映するもので、それがもっとも端的にあらわれるのがことわざである。

転石、苔《こけ》を生ぜず

ということわざがある。これはあきらかに英語の、

A rolling stone gathers no moss.

（ア・ローリング・ストーン・ギャザズ・ノー・モス）

の訳である。英語の方はたいへん有名で、一カ所にながく腰を落着けていられないで、たえず商売変えをするような人間に、成功はおぼつかない。もっとはっきり言えば、そういう人間には金がたまらない、という意味で使われる。ときには、これをひとひねりして、相手を次々とり替えているような人間の恋愛は、いつまでたっても実を結ばない、というように転用されることもある。

このことわざは、イギリスで生れたもので、ここのコケ（モス）とは、金のことなり、と権威ある辞書（OED オックスフォード英語辞典）にも出ているほどだ。はじめは、だから、住いや職業を転々とするような人間に金はたまらない、の意味で使われた。比喩的には恋愛でも似たことが言える、というところから、さきのように応用されるのである。

いまから二十年くらいも前のことになるが、私は、ふとしたきっかけで、アメリカ人がこのことわざを〝誤解〟しているのではないか、ということに気付いた。

どういう風にアメリカ人がこれを考えるのかと言うと、まるで、逆にとっている。つまり、優秀な人間なら引く手あまた。席のあたたまるひまもなく動きまわる。あるいは、じっとしていたくても、そうはさせてくれない。スカウトされてAの会社へ行ったかと思うと、また、すぐ別のB企業へ引き抜かれる。こういう人はいつもピカピカ輝いている。コケのようなものが付着するひまもない。アカやさびのようなものはこすり落とされてしまう。アメリカ人の多くが、それを、〝転がる石はコケをつけない〟の意味だと思っているらしい、ということがわかったのである。

同じ英語国同士でありながらこういう〝誤解〟のあることをたいへんおもしろいと思ったので、私は、そのころ編集していた英文学雑誌の編集後記に、ローリング・ストーンのことわざにはアメリカの新解釈があらわれているようだと書いた。

それを書いたあと、いったいどうして、そういう異なった解釈が生れたのだろうか、を考えた。たまたま、そのころ読んでいたアメリカ文化論に、祖父の住んでいた所に住んでいるアメリカ人がごくわずかしかないのに、イギリスでは三代同じ土地に住んでいる人間がその何倍もあると書いてあった。それがヒントになるのではないかと考えた。

つまり、アメリカは流動社会であるのに、イギリスは定着社会である、ということだ。アメリカでは人間の移動は肯定されている。なるべく動いた方がよいと考えられている。他方のイギリスでは〝石の上にも三年〟式に、なるべくなら同じ所にじっとしているのがよいという考えである。伝統を重んじるからである。歴史の浅いアメリカには重んじたくても、伝統がない。

住いについても、転居ということを気楽にするか、なかなかしないかが、アメリカとイギリスでは大きく違う。職業についても同じで、次々に勤めを変えるのは、何か問題があるからだと考えやすいイギリスの社会に対して、どんどん変わるのは優秀さの証拠だと感じるアメリカでは正反対になる。

こういう社会の背景があるから、イギリスでは否定的に解されるローリング・ストーンのことわざが、アメリカではすばらしい人間を指すように思われるのである。これによっても、ことわざの意味が絶対不動のものでないことがわかる。それを使う人たちのものの考え方、感じ方によって、ときとして、大きく違って見える。灰色はまわりが黒い所で見れば白と見えるが、周囲が白ければ黒く見える。それと同じようにことわざも相対的である。

舞台の踊り子がビーズの胴衣を着ている。それに青い光が当たると、青く見えるが、赤い色を当てると、赤く輝く。ことわざの意味もそれに似ている。見る人によってさまざまに解される。よく言われることばを使うなら、〝玉虫色〟に見える。ローリング・ストーンといわれる人間は、イギリス人には風来坊に見えるのに、アメリカ人にはちょうどその反対の優秀な才能に見える。そしてお互いに自分の解釈を正しいと思っているのだから、おもしろい。一九六〇年代、世界的に活躍したイギリスのロックグループが、〝ローリング・ストーンズ〟と名乗ったのは、このことわざの二重の意味をかけたものである。日本ではそんなことを知らずに夢中になった。

ところで、日本人はこの〝転石、苔を生ぜず〟をどう感じているだろうか。年輩の人には、イギリス流に、動きまわるのはロクでもない人間だとする人が多いが、年齢《ねんれい》が若くなるにつれて、アメリカ流の解釈がふえる。かつて私が学生について調べたところによると、四〇パーセントくらいがアメリカ流であった。その後もっと多くなっているに違いない。

戦前の日本は農村型の社会であった。土地にしばりつけられている。家にもしばりつけられていた。家や土地を離れては生きて行かれない。定着が尊重される。

土地を離れることのできた次男坊、三男坊はサラリーマンとなる。これなら別にしばるものはないわけだが、ついこの間まで田舎にいたサラリーマンはなお、しばられたい、じっと同じ所にいたいという気持が消えてはいないのであろう。終身雇用制を発達させたのである。コロコロあちらこちらへ動きまわるのは、同じ所にいられなくなった流れもの。社会はそういう人間を信用しない。

こうして日本もイギリスと同じように、定着社会だった間は、〝転石〟をおもしろくないものと受け取っていたはずである。

戦後、社会が大きく変化するとともに、これが崩れてきた。農村の人たちが競って都会へ出ようとした。人口の流動はかつてないほどはげしい。企業に勤めていると当然のことのように転勤がある。それを嫌っていてはいられないから、内心はとにかく、外見はいかにも嬉々として新しい任地へ向かう。

そういう生活をしている人に、転がる石は金がもうからない、などということわざが歓迎されるはずはない。都合の悪いことは、お互いに忘れようとする。どうしても忘れられなければ無視する。

そのどちらもできなければ、都合のいいように解釈するという手がある。現にアメリカ人がそうして新しい解釈をつくり上げた。日本人だって、別にアメリカ人から教えてもらわなくても、自主独立で、能力があるが故に動きまわるのだ、という考え方を発明して、これを活用することはできる。

それに、この場合、コケというものに対する語感もバカにならない。湿度の高い所でないと美しいコケは生えない。われわれの国は昔からコケを美しいと思う感覚を発達させてきた。庭園をつくれば苔を植える。苔寺は古来、有名で、訪れる人が多くて困るほどだ。

アメリカのような乾燥した土地ではコケが育ちにくい。美しくもない。むしろ、不潔な連想をともなうかもしれない。イギリスはコケ＝金と考えるくらいだから、コケ尊重の社会であることがわかる。コケをおもしろいと見るかどうかでも、転石の評価は違ってくる。

日本はもともと、そして、いまもいくらかは、コケを大切にする社会である。だ

からこそ、国歌にも、

さざれ石の巌《いわお》となりて苔の生《む》すまで

とある。

ところが、このごろは、日本でもアメリカ的感覚が若い人たちの間にふえてきて、コケをうす汚いものと思うようになった。そういう人たちが、コケを肯定する国歌に違和感をもつのは自然かもしれない。コケなどつかない転石をよいものと感じる人たちがふえるわけだ。

それはさておき、私がアメリカにこのことわざの新しい解釈があるらしいと気付いたころには、そういうアメリカ式の意味に解している例は文献の上ではまだひとつも見当らなかった。その後注意していたら、同僚からある本に、ローリング・ストーンをのぞましいものと解している例があると教えられた。私の考えが、たんなる推測ではなかったわけである。

まだいまのところ、外国の辞書にはこの新しい意味を記載したものは見当らないようだが、日本では、英米二様の意味をのせているものがいくつもある。たとえば『新グローバル英和辞典』には moss の項目にこのことわざが出ていて、「転石苔を生ぜず《転々と商売換えしては金はたまらない、［米］では「動いていれば苔がつかず新鮮である」という意味にもなる》」とある。

ことわざの解釈は、ひとりひとりの考えや価値観によって決定される。日ごろは自覚しないものの見方、感じ方をあぶり出して見せてくれる。そう考えると、玉虫色のことわざは、ときとしてロールシャッハ・テストのようになる。

隣の花は赤い

戦争のはじまる直前、昭和十六年の春に、私は東京へ出てきて、英語を専攻する学科の学生になった。そういう時代に、すでに〝敵性外国語〟などという呼び方をされていた英語などやろうという連中だから、そのクラスはどことなく浮世離れした空気につつまれていた。あるいはひねくれていたのかもしれない。

それでも十二月八日の開戦となると、さすがにわれわれも前途に不安を感じて動揺をはじめた。気の早い何人かは、さっそく次の春に別の学校を受験しなおす計画を立てた。そして、翌年には実際に数名がクラスから抜けて行った。学校を変えるほどの勇気はなかったものの、残った連中も、安心していたのではもちろんない。同じ学校にいて、ほかの科へ横すべり、転科をしようとひそかに考えたのもいた。

そして、その転科に成功したのもあらわれた。

それほどの決断と行動力もない？ のは、その上にあった旧制の大学へ進むときに、もっとマシな学科へ進もうと考えた。そして、その通り実現したのがまた何人か出る。英文科へ進むのではなく、心理学科だとか、哲学、教育、倫理学などへ進学したのである。そして、残ったのが、いちばん能のないグループであったようである。私はそのグループに入っていた。

英語専攻の学生だというので、学内でもあからさまに、いやな顔をする国粋的、あるいは愛国的な教授もいた。そういう空気の中で五年すごしたことになる。大学二年のときに、さしもの戦争も終った。アメリカがやってくる。この間まで、英語はスパイのことばだ、などと言っていた手合が、「これからは英語の天下ですね」などと言って恥じることを知らなかった。

すると、ほかの学科へ転科していた人たちが、現在の専攻をかくして、〝英語をやった人間〟として振舞いはじめた。都会をあこがれて田舎を捨てた若ものが、人間砂漠に幻滅して、また郷里の山河へ帰る――これをUターン現象というらしいが、そのころはもちろんそんなことばはなかった。しかし、戦時中に英語を捨てたものの多くがUターンしてまた英語へもどった。

私は考えた。どうして、人間には、いつもよそものがよく見えるのか。自分のものがつまらなく思われるのだろうか。そしてそのとき頭に浮んだのが、

　隣の花は赤い

ということわざであった。

自分の所にもささやかではあるが、花が咲いている。ところが、どうも、ぱっとしない。それに比べて、垣根の向うに咲いている花は何とすばらしいことであろう。何とかして、わがものにしたいが、それはできない。そう思うと、よけいに隣の花は美しく、わが家の花は見すぼらしく思われてくる。気の短い人は自分の所にある花を引き抜いてしまって、ひたすら、よその花に心を寄せるかもしれない。そういう心理はだれにもあるらしい。ただ、人によって強いか、弱いかの差はある。あこがれの強い人は、垣根を飛び越えて、隣の花をわがものにしてしまう。それほど羨望の強くない人は羨しいなと思いながら、我慢する。英語へのUターン現象を見て、これが世の中というものらしい、と納得した。

友人が景気のいい話をすると、羨しくてたまらなくなる。自分のしていることは

すこしもおもしろくなく、身入りもはかばかしくない。えーいッ、いっそのこと、商売変えしてしまおう、というので転業。しばらくすると、また、隣でもうかる話をする人があらわれる。はじめからあれにすればよかった、と後悔する。そこでまた転職する。こうして転々とするのが、さきにあげた〝転石、苔を生ぜず〟をイギリス風に解したときの人間になる。

ただ、人はやみくもに仕事を次々変えるのではない。いまの商売よりももっといいものが隣にあらわれるから、そちらへ転向しようとする。向上心のあらわれである。〝過《あやま》ちは改むるにはばかることなかれ〟というではないか。

よそのことがよく見えるのは、何も商売だけではない。外国へ行ってくると、何から何まで〝向う〟がよく思われる。「日本はだめだよ、向うではこういうとき実にスマートでね」などとしたり顔をする。外国帰りは当分の間そういうことを言っている。きいた人は自分も行ってこよう、と飛び出して行く。

つまらぬことでも外国だというだけでありがたがる。島国の人間であるわれわれには、もともと外国を素直にありのまま受け入れることが下手《へた》である。何だ、外国なぞ、つまらない、とうそぶくつむじ曲りの鎖国タイプもないわけではないが、たいていは外国に咲いている花はすべて赤く見える。日本の花は花でないと思っていると、青い目のファンが、日本はすばらしい国だと言ってくれる。向うにとって、日本が隣の花だからである。喜ぶのは早い。

いまは変わったが、戦後の日本では三人にひとりは、アメリカを隣と心得ていたらしく、ことごとに、アメリカの花をもちあげて、日本の花をくさす。のこりのふたりのうちのひとりは、旧ソ連がお好きで、アメリカなんか問題ではない。もちろん日本ははじめからお話にならない。もうひとりは中国派である。同じ赤い花でも旧ソ連の赤さは嫌いだという。中国へ行ってきて、悪いことは何もなくて、すばらしいところばかりの国のように言いふらす。

そういうインテリ好みを反映してであろう。新聞も隣の花ばかりほめている。日本の政府のことは悪党のかたまりのようなことを言うくせに、外国のことになると手放しである。日本の新聞はどうしてこうも外国のニュースばかりありがたがるのであろうか。われわれにはよくわからない。もっと知らせてもらいたいことが国内にいくらでもあるのに、外電をデカデカと報道する。遠い隣の花にばかり目を向けているのだ。

一九七七年、外国人の日本語弁論大会というのがあった。オーストラリアから来ているアラン・タルボット君は、日本がいかに治安がよくて安全であるか、警察官がいかに優秀であるか、というスピーチをして二位に入賞した。

それをきいて日本人の聴衆はたいへん新鮮な感銘を受けた。日ごろから新聞に、日本ほどつまらぬ、悪い国はないと教えられ、外国はパラダイスのように思い込まされていたからである。

どこの国にもエグゾティシズムというものはある。外国をあこがれる心で、つまり、隣の花を実際以上に赤いと見る傾向である。それにひかれて外国へ旅行に出かける。いつの時代にもそういうことがあるところを見ると、これは人間の本能のひとつかもしれない。島国で四囲を海でかこまれているせいか、日本人にはこの傾向がひとしお強いように思われる。

ギリシャ以来、ヨーロッパ人は、大昔に黄金時代があり、それが、すこし堕落して次には、銀の時代になり、さらに時代が下るともっと悪くなって、銅時代、鉄時代となって、ついに石の時代になると考えた。遠いところほど美しいという思想である。現世を末世と見る。

末世思想の本家本元は宗教である。ほとんどすべての宗教が、時代とともに法が失われ、世が乱れるという末世《まっせ》澆季《ぎょうき》の考えにもとづいている。世の中がだんだんよくなって行くと考えるようでは宗教は宗教として存在し得ないのであろう。

宗教も歴史も、やはり隣の花は美しいという思想に立脚していると言ってよい。隣の花はそれほどまでに美しいのだ。うちの花はそれほどまでに見栄えがしない。いかなる時代も自分の時代がもっとも悪い時代のように考えている。

いまから五十年ほど前に、アメリカの雑誌で偶然に、〝セレンディピティ〟(serendipity)ということばを覚えた。

いまかりに、ひとりの科学者が、Aというテーマで新しい研究をしているとする。目指すAについての結果はなかなか出ないが、あるところで、思いもかけないXという事実を発見したとする。このXのことをセレンディピティの発見という。

昔セイロン(いまのスリランカ)に三人の王子がいた。さがしものをしているとき、いつもきまって、さがしているのではない掘り出しものをする。そういう名人だったという童話がイギリスにあった。その話にもとづいて、ウォルポールという十八世紀のイギリス人がこのセレンディピティという語をこしらえた。スリランカの前のセイロンのさらにその前の国名が英語でセレンディップだったのである。

当面目指しているものが自分のホームグラウンドである。そのほかのことは隣の花になる。そららの方がおもしろいから、思いがけない成果をあげる。

乱雑になっている机の上で、ケシゴムをさがしているが、なかなか見当らない。すると、前の日いくらさがしていてもどうしても出てこなかった友人から来たハガキがひょいと出てくる。これもことは小さいけれども、セレンディピティの発見である。こういうことが割合しばしばあるというのは、隣の花に注意する本能的傾向と無関係ではあるまい。

うどんの嫌いな男が、よそでごちそうになったうどんがうまかったと帰って細君に話したら、細君すかさず、

「〝隣のにが菜《な》〟と言いますからね」

とやり返した。隣の花は赤く、隣のにが菜はうまい。

夜目遠目傘の内

遠くのものが、近くのものよりも美しく見える心理については、どこの国にもことわざができている。

手もとの『英語諺辞典』で調べてみると次のようなのがある。

Choose neither women nor linen by candle-light.

(女も着ものもロウソクの光で選ぶな)

薄暗い所では欠点を見落としやすいから、というのだが、これは暗いとキズやアラがかくれやすいことに焦点を当てている。だから美しく見える、というところまでは行っていない。いくらかペシミスティックな見方を示している。

それに比べると、

Fair and far off

（遠くのものは美しい）

になると、ずっと、〝夜目《よめ》遠目《とおめ》傘《かさ》の内《うち》〟に近くなる。もとはそういう意味だったのであろうが、遠くで見て美しいと思って近づいてよく見たら、そうではない、いっぱいくわされた、と思うことが何度もあったのかもしれない。いつしか「的はずれの見当違い」という意味になってしまった。

Hills are green (blue) far away.

（遠くの山は青い）

実際はハゲ山であっても遠くから見れば青く見える、というのである。距離が美しさのもとになっていることをのべている。日本の古い歌に、

遠くよりながむればこそ白妙《しろたえ》の富士も富士なり筑波嶺《つくばね》もまた

というのがある。これは〝遠くの山は青い〟に通じる。いったい、こういうことを人間はいつ発見したのだろうか。

Joan is as good as my lady in the dark.

（暗がりの中ではジョーンもうちのおかみさんと同じさ）

ギリシャに〝灯火を消せばすべての女は同じである〟というのがあったのをふまえたことわざ。これは距離や暗がりのために美しく見えることを言ったと考えるより、美しいとか美しくないというのは明るい所でのみわかるものだという点を強調している。一見、似ているようだが、〝夜目遠目傘の内〟とは違う。

〝ジョーンもおかみさんも変わらない〟というのには、さらに、もっと人の悪い解釈があるらしい。これを「人の見ていない所だと女は貞淑でなくなる。何をやらかすかわからない」と解する人もあるというからおもしろい。英語のことわざを調べてみると、英語を使っている人たちがずいぶん人の悪い、意地の悪いものの見方をしていることに気付く。かれらはそれほど不幸だったのであろうか。どうも人間性悪説である。

Like Flanders landscapes that look fair at a distance but coarser near at hand.

（遠くで見ると美しいが、近くでは醜いフランダースの風景〔画〕のように）

これは〝遠くの山は青い〟と同工異曲。ただ、表現がいかにも説明的で、ことわざとしての簡潔さ、洗練度に欠けると言わなくてはならない。

When candles be out, all cats be grey.

（ロウソクが消えれば、猫はみな灰色に見える）

暗ければ毛色の違っているのもわからず、同じように見えるというのである。『英語諺辞典』の中から〝夜目遠目傘の内〟に相当するものをあげれば以上のようになる。

これらを吟味してみると、遠くから見れば美しく見える、というのと、暗くすれば、ものみな同じように見えるという、二つの系統に分れる。

両者をかねた、暗くて、遠い所から見ると、ものは実際以上に美しいという〝夜目遠目傘の内〟とぴったりのものは英語には見当らない。しかも、〝夜目……〟は、夜見る女、遠くから見る女、笠をかぶっている、あるいは傘をさしているのをのぞいて見える女は、いずれも美しく、と女性美に絞って言っているところはきわめて注目に値する。

さきの〝隣の花は赤い〟は距離によって生じる美学に注目したものである。〝夜目……〟は、距離と暗さという条件が美しさを高める働きをすることに着目したものである。

さきにもちょっとふれたが、私は戦争がまさにはじまろうとする年の春、旧制の中学校を出た。そして、まわりのものが、やめた方がよいととめるのもきかずに、英語英文学を専攻する学科を選んで入学した。入ってみると、同級のものは、たいてい田舎の中学を卒業したものであった。都会の中学生にとっては、すでに敵性外国語などと言われていることばなどにはすこしも魅力がなかったのであろう。英語科へ入ってくるものはほとんどない。ところが、草深き田舎から見ると、英語はまだまだすばらしいものに思えた。

明治以降、日本人がつねに西洋の文化に心をひかれてきたのは、西洋が遠くはるかな存在で、何よりもよくわからなかった。そのために、よけいによさそうに見えたためであろう。

そういう日本人でも、東京の人間と、地方の人間とでは、西欧文化との心理的な距離が違う。地方に育った人間には、東京がすでに遠くて、したがって美しく感じられ、東京で育った人間以上に外国が美しく見えたのである。地方出身者がことさらハイカラなものに興味をもつのは、遠くて、よくわからないからであろう。日本の近代化はそういう地方出身の人間の西洋への憧れによって推進されてきたと言ってよい。

男が見てもほれぼれするというような美男子というのがときどきいる。こういう人の奥さんはどんなにきれいな人だろうと考えるのが人情である。ところが、そういう美男子の奥さんが案外平凡な器量であることがある。どうしてそういうことになるのか。

望めばどんな美女とでも結婚できそうなものを、どうして、よりによって、こういう女性を選んだのか。そういって不思議がるのは、人間というものがわかっていないのである。

美男子なら、まずプレーボーイであろう。そのまわりには自薦他薦で美女がひしめくように群がるに違いない。はじめはいい気分でいるかもしれないが、いかに美女でもあまりに近くにいすぎては鼻につく。アラも見えてくる。うとましく思えるようでは美しいはずはない。そのとき、ふとかなた遠くへ目を向ければ、ひとりたたずんでいる女性がいるではないか。その姿の、何と優にやさしく趣深きことよ。美男子氏は一目でその雰囲気に魅了されてしまう。

これこそわが生涯の伴侶と心にきめて近づくと、ひとりたたずむ女性は、何かのお間違いでしょうと、さけるように立ち去ろうとする。逃げるものは追いたくなるのが狩人としての人間の本能でもある。逃がしてなるものか、とばかり、追いかけてついにこれを獲得する。それがひと目には平凡と見える夫人というわけである。美男子氏からすれば、えも言われぬ令夫人である。

美女のご主人が野獣のようであるケースも同じくらいしばしばお目にかかる。その道理は、さきとまったく違わない。〝夜目遠目傘の内〟は美の源泉である。もし、そうだとすれば、われわれはこのことわざの中から人間としての知恵を学びとらなくてはならない。

若い男女が知り合う。男は北海道で育ち、女は四国で成人したとしよう。男にとって、この女性はすばらしく思われる。すこしでも早く、親密になりたいと願うだろうのが人情である。女性もそれをにくからず思うに違いない。こうして、ふたりの仲は急速に接近する。

そうして、はじめはよくわからなかったこと、はっきり見えなかったことが、だんだん見えるようになる。それで好意はますますつのるように考えるかもしれないが、ことはかならずしも、そうはならない。親しくなるにつれて、いつしか幻滅がしのび寄るのである。それを理性が抑えて、無理にも愛していると自分に思い込ませようとする。そこに悲劇の芽生えがある。

もし、そのとき、ふたりが充分に賢明であれば、すくなくとも、女性の側が賢明なら、この悲劇は回避できる。お互いが好意をもつようになったのは〝夜目遠目傘の内〟においてであったことを忘れてはいけない。距離の生じた美に支えられた気持である。この条件が変われば、相手は美しく見えなくなってしまうかもしれない。

つまり、親しくなったからといって、あるいは、好意をもち合ったからというので、不用意に、あまり、近づきすぎてはいけないということである。好意をもつようになったのは、お互いが遠くてよくわからない存在だったからである。その気持をいつまでも持続したかったら、〝夜目遠目傘の内〟の状態をいかに持続するかを考えなくてはならない。

わかりきったものはつまらないが、よくわからないものは、なぜだろうという気持が働く。何かおもしろいものであるに違いないと感じる。〝夜目遠目傘の内〟にある女性はさだかにはわからないが、わからないから不美人だろうときめてしまわない。よくわからないが、きっと美しいだろうと思う。やはり人間は性善にできているということで、ほほえましい。

英語のことわざが、どちらかと言うと、ひねくれた見方をしているのに比べても、このことわざののびやかな感じ方は悪くない。

三尺下がって師の影を踏まず

戦後いつの間にか教室から教壇というものがなくなってしまった。いまの小学生は教壇ということばすら知らない。〝教壇に立つ〟という言い方の実体は消えた。比喩としてはいまも使われているが、そのうち何のことかわからなくなるに違いない。

高い所から生徒にものを教えるのは権威主義だというような俗論が教壇をとらせてしまったのであろう。こっけいなのは、先生になるには身長が一メートル五十何センチかないといけないという規定をつくった都府県があることだ。教壇がなくなれば、背の低い先生では立った生徒のうしろの方が見えないから、というのが理由だったらしい。

ひところ女の人にはこの身長制限にかかる人が出て泣かされたが、このごろは一念発起したわけでもあるまいが、背の高い人が多くなったから、そんな制限のことは忘れられた。

教壇をなくしたのは象徴的で、先生と生徒を同列に考えるのが民主的だと世の中が考えた。生徒も誤解した。そして、こともあろうに、先生までもそう思い込んだ。勉強とはツトメ、シイルと書く。放っておいては、だれだって勉強する気にならない。だれかが監督してやらせ、強制する必要がある。家族などでは言うことをきかない。それで他人の手を借りて勉強させてもらう。それが学校教育である。

先生は、いくらかはこわくなくてはいけない。話せる先生というのがいる。生徒の言うことをウンウンときいてやる。それがいかにもものわかりのいい教育者のように錯覚される。しかし、そういうのは教師の職に忠実でない。こわい先生だからこそ、勉強をさせられる。

「先生、試験の範囲まけてくださーい」

「そうだな。でも八十ページしかないね」

「いやあです。半分の四十ページにしてくださーい。ほかの試験もたいへんでーす」

「じゃ、よし、まけてやろう」

「わーッ、話せるー」

いまの生徒は先生を兄貴ぐらいにしか考えていない。昔の小学生は先生の前へ出ると緊張して、ものも言えなかった。先生に指されて、力んで答えたら、そのはずみに、ズボンの中で思わずオシッコをもらした、というこどももいたくらいだ。

生徒が先生をバカにするようでは、勉強などできるはずがない。すこしもこわくない先生が、一コニコしながら、

「みなさん、べんきょうはしなくてはいけませんよ」

などと言ってみても、

「いやだいッ！」

と一蹴されてしまうのがおちである。勉強について行けないこどもがどんどんふえる。

昔の人は、〝三尺下がって師の影を踏まず〟と言った。いまの人には、許しがたき封建的思想のかたまりのように見えるかもしれない。ところが、現在のように先

生が〝話せ〟すぎる時代においてこそ、このことわざが意味をもつのである。ズボンの中へオシッコをもらすような生徒は、そんなことを言われなくても、三尺どころか五尺でも六尺でも尊敬の距離をおく。

いまの話せる先生は生徒と並んで歩きたがる。生徒もそれを当り前と考えるが、それは先生だけでなく、お弟子さんにとっても不明というもの。見よ、タンポポは種をすこしでも遠くへ飛ばすために、綿毛をつけているではないか。親のそばにくっついていると、大きく伸びるチャンスがないことを知っている。また、見よ、大木を。その下には草も生えていないではないか。親木の下で若木が伸びられないことを心なき草木でも、知っているのである。彼らは、言われなくても、三尺の距離をとっているのだ。

万物の霊長《れいちょう》たる人間が、先生と生徒をくっつけておいて、民主的だなどと喜んでいるのは笑止千万というほかはない。植物にもおとる。弟子たるもの、わが身のためにも先生から三尺下がって、その影を踏まないようにしなくてはならない。

師をあがめるというのは、そういう意味である。先生に近づきすぎると、教えを受けるものは身を亡ぼしかねない。〝君子危きに近よらず〟。師もまたある程度、危き存在である。そういうことをさりげなく教えたのが、〝三尺下がって師の影を踏まず〟である。意味深長。

人間はだいたいにおいて、小心なものである。平凡な教師ほど小心な人が多い。教え子がどんどん伸びてくると、喜ぶべきなのに、不安になる。いまにも自分が追い越されるような杞憂にとりつかれる。無意識に伸びてくる弟子を蹴落とそうとするようになるかもしれない。そういう先生をもつのは一生の不幸だが、悪いのは先生だけではない。お弟子の心掛けもよくない。つまり、近づきすぎる。三尺下がっていれば、先生を不安におとしいれることはない。弟子としても先生の傘から外ればのびのび伸びることができる。

先生の影を敬し遠ざけるすぐれた弟子と、弟子を近づけすぎないりっぱな師匠との間ではじめて教育の奇蹟はおこる。〝出藍《しゅつらん》の誉《ほま》れ〟ということばがある。弟子が先生以上になることだが、それには、弟子がすぐれていなくてはならないのはもちろんだが、それ以上に先生をたたえなくてはならない。

〝三尺下がって……〟の三尺を、距離にかぎらずに解釈することも可能である。年齢の差に移して考えるのである。

先生と生徒が同じような年齢ではもちろんおもしろくない。先生は文字通りさきに生れていなくてはならない。先生は後生《こうせい》に対してある年齢差をもっていることが望ましい。〝三尺下がって……〟をこういうように拡大解釈すると、師弟の年齢差はどれくらいかということが問題になる。三尺の影は年齢に換算すると何年くらいか。大ざっぱに言うと、師弟の望ましき年齢間隔は二十年から三十年の間であるように思われる。

教師が教師らしくなるのは、教える弟子との年の差が二十年になってからである。そのさきなら、ずっといつまでもよい、というのではない。教育者適齢期は十年くらいしかつづかない。両者のひらきが三十年以上になると、また影響が弱まってくる。年齢の落差二十年から三十年までのわずか十年。それが教師としての働きざかりというわけだ。思えば、はかないほど短い期間である。

そうは言っても、プロの教育者として、職業的生命がわずか十年では困る。何とかして、これをのばす知恵をもたなくてはならない。

まず、若い教師はなるべく若々しさを出さないようにする。大学を出たての先生は生徒との年齢差が七、八年しかない。これを二十年にひろげることはできない相談であるが、そのつもりになれば、心理的に三尺の距離をもつことはできる。

まず、若い先生には、なるべく服装をきちんとしてもらう。ランニングシャツにショートパンツといった姿で教室へあらわれても、ベテランの大先生ならば生徒はあなどったりしないだろう。かけ出しの若造がそんなまねをすれば、うちの兄貴の方がしっかりしてらァ、と心の中で思う生徒があるかもしれない。

そう言えば、教室で生徒の前で給食を食べるのも若い教師にはつらいことだ。教師がものを食べているのを見せることは心理的距離をせばめがちだ。うっかりすると、いかにもぶざまな恰好をする。それが先生に対する幻滅を生じやすい。

昔の開業医が若いのにかぎって、金ブチめがねをかけ、金ぐさりの時計などをちらつかせたりしたのは、患者との間の心理的距離を大きくしようとしたためにほかならない。若い教師の参考になる。

逆に年をとった教師は生地のままでは生徒との距離が大きくなりすぎる。孫はかわいい、と言うが、反面、教育に必要なきびしさに欠けやすい。そんな教師ではしかたがない。つとめて、心を若くして、生理的年齢差の方はしかたがないとして、心理的距離はなるべく小さくするようにすべきである。よくしたもので、たいてい先生は年より若い。すくなくとも気は若い。これすなわち、職務に忠実なゆえんである。年輩の先生が年より若く見えるのは、結構なことだ。

不老長寿のためにも教職はよいということになる。いつも、師弟の心理的な距離を二十年以上、三十年以内におさえておくことのできる先生は、一生いつまでもすぐれたお弟子を育てられる。しかし、なかなかそうは行かない。古来、すばらしい師弟の年齢の開きは、調べてみると、多く二十年以上三十年以内である。こころみにまわりの例に当ってみられよ。まず、例外はすくない。

企業内の上司と部下の間にも同じような心理的距離が求められる。ところが、学校と違うから上役と部下の間には二十年以上の開きなどとても望めない。どうしても、指導する側とされる側の車間距離が小さくなりすぎやすい。そういうこともあって、人間関係はともすればギスギスしたものになりがちである。そのかわり、上役のもうひとつ上役とは、不思議とよい関係になる。

このように考えてくると、〝三尺下がって師の影を踏まず〟は決して古くさいことわざではないことがわかる。むしろ、現代において、新しく見直されなくてはならない。

急がばまわれ

森鷗外がこどもに教えた——

「どうしようもないほど乱雑になったり、ものごとが錯綜しているとき、あせってはいけない。ひとつずつ、ゆっくり片付けて行けば、思ったより早く整理がつくものだ」

急ぐときほどゆっくり、ひとつずつ処理せよ。決してあわててはいけないという教訓。さすがに、超人的に多忙な生活をしていたと思われる人のことばだけのことはある。われわれは、混乱を目の前にすると気が動顚して、何をどうしたらいいのかわからなくなってしまう。しばらくあちこちいじりまわしてみてながめているが、全体はすこしも片付いていない。絶望していやになり、投げ出すのである。

気持だけ急いでうまく行かないことは日常いくらでもある。

やかましい時間の約束があって、出かけようとしているとき、すこし遅れ気味で大あわてで仕度をする。これでよしと思って出て、駅まで来ると、かんじんな書類を忘れてきたことに気付く。いまから引きかえしていては大遅刻。それかと言って、もたずに行けば話にならない。泣くにも泣けない思いでとって返す。

はじめからじっくり仕度をして行けばそんなに遅れることもないのに……と悔まれる。なまじあわてるからいけない。

急ぐときにはどういうものか、目先のことしか目に入らない。それでとんでもない見当違いのことに力を入れる。かえって何もしないでいるよりも結果が悪いということになる。

どこにも、たえず忙しそうにしている人がいるものだ。ただ、目標がしっかりしていないと、いくら忙しく動きまわっても、きのう右の方へ走り、きょうは左の方へ走るだけの右往左往になりかねない。よく考えてみると、はじめと同じところに立っているということだってないわけではない。

いくらあわただしく走りまわっても、じっくり計画を立て、目的をきめて、二歩でも三歩でも進む人に及ばないということになってしまう。

ウサギとカメの競走もいくらかそれに似ている。おとぎ話によると、ウサギは油断してひとねむりしたことになっているが、うたたねをしたウサギがねぼけまなこで、目をさましてから目標とは反対方向に走ったりすれば、なまじ足が早いだけにやっかいで、どうしてもカメに名をなさしめることになる。

急ぐときには急いではいけない。むしろ、思い切ってゆっくりした方がいい——これはおそらく人間がかなり古い時代に発見した真理であっただろうと思われる。

ローマのスウェトニウスという人がオーガスタス・シーザーのことばとして書き残した、フェスティノ・レンテ（Festina lente）ということばは、はなはだ有名である。「ゆっくり急げ」の意味。

京都大学の古典語の教授であった田中秀央博士は、はがきの終りによくFestina lente！と書いた。出版社との仕事の連絡などにはいつもかならず、この文句がついていた。はじめのうち、これは原稿のできないのに対する言いわけかと思ったこともあるが、そうではないらしい。博士の仕事は着実で決して約束に遅れることがない。だから、「ゆっくり急げ」というのは妙《みょう》な急ぎ方をしていい加減な仕事にならない。

ないようにという自戒がこめられていたのかもしれない。それだからといって、いつまでもぐずぐずしていてはいけない。あわてず、しかし、のろのろしないで仕事をしましょう、という自他に対する意思表示だったのであろう。

このことばを英語に訳したのが Make haste slowly.（メーク・ヘイスト・スローリー）で、これも広く行なわれている。

寺田寅彦に「科学者とあたま」という随筆がある。科学者になるにはあまりバカでは困る。そうかと言って頭がよすぎても大成しない。適当にぼんやりしている方がよいらしいという意味の逆説をのべている。

なぜ秀才ではよくないか。思うに、頭のよい人は困難があらかじめわかってしまう。すこしやってみて、この先は壁だとなると、すぐあきらめてしまう。そして別の方法や問題にとりかかる。ウサギ式になりやすい。それに引きかえ、愚直な人は、あらかじめよけいなことを考えない。わからない。とにかく問題にとり組んでゆっくり攻める。常識ではできないとわかっていることでも、じっくり腰を落着けて押していると、そのうち不思議と、あるところへ来て、思いもかけず活路がひらけたりする。バタバタする目先のきく秀才は結局、何も大きな仕事ができないで終るのと好対照。適当に頭が悪い方がいいというのはたんなるパラドックスではない。

一見矛盾することばを結びつけて、一面の真理を伝えるのを修辞学でオキシモロンという。日本語では撞着《どうちゃく》語法と呼ばれる。たとえばこういうのがある。

公然の秘密
まけるがかち
ありがためいわく

秘密は周知でないからこそ秘密である。みんなが知っていたら秘密でも何でもないはず。ところが、秘密だというからよけいに好奇心をそそる。またたく間に広がってしまい、知らぬものもないが、建前はあくまで秘密となっている。そういうことがよくある。

〝まけるがかち〟。どうしてまけがかちになるのか。まけた時点ではそれがそのままかちになることはない。それなら矛盾である。

その場ではたしかにまけたけれども、長い目で見れば結局、自分の得になるというとき、視点を変えて、まけをかちと見ることができる。ときとして、敗者のまけおしみに利用されることがないとは言えないが、無理に勝負にこだわらずに相手にかちをゆずることが実際においても高く評価される。

〝まける〟のと〝かつ〟のとが同一次元でないから、この矛盾のように見える命題が矛盾ではなくなる。

〝ありがためいわく〟は、「ありがたいと思う気持よりは迷惑だと感じる気持の方が強い様子」だと説明している国語の辞書がある。

これではオキシモロンにならないのではあるまいか。相手が好意、親切からしてくれていることはわかっている。それに対しては、ありがたいと思わなくてはならない。ところが、こちらの正直な気持から言えば、すこしもありがたくない、どころか、迷惑ですらある。その二つの立場の違いをふまえて、ありがためいわく、と言うのである。

オキシモロンには論理の飛躍がある。そのすき間を飛びこえられない人には、何のことを言っているのかわからないだろうし、逆に飛びこえられる人には何とも言えぬおもしろさと感じられる。

つまり、撞着語法はかなりシャレたものなのである。それが日常生活で何気なく古くから使われてきたというのは、なかなか興味ぶかいことである。大人のことばである。こどもには通じない理屈である。

急がばまわれ、にも論理的ギャップがある。急いでいるのなら、急がなくてはならない。急いでいるのなら、当然、最短コースを行かなくてはならない。

ところが、あわてると、さきにものべたように、ロクなことがない。思いがけない失敗をやらかして、かえって、おくれてしまう。ここまでの部分をのみこんで表面に出さず、だから、急いでいるときには安全な、まわり道をした方が、意外に早く行かれていい、という部分だけを表面に出す。

そういうかくされた部分がわからないと撞着語法はつじつまの合わない話になるが、言外のことばを解すれば、何とも言えないおもしろ味がある。

急いでいるときに、おあつらえに向うからバスがやってくる。まだ停留所まですこしあるから、走らないと間に合わない。走って行ってやっと間に合った。やれやれと飛び乗ると、何と行き先の違うバスではないか。とんでもないところへもって行かれてしまう。こんなことなら、ゆっくりしていた方がよかった。あわててバスに乗らなかった方がよかった。そういうことはバス以外に、いくらでもある。

世の中に遅れないようにというつもりで、流行を追っているのも、やみくもにバスに飛び乗るのと似ている。新しく新しくと思っていて、かえって時代遅れになってしまう。

迂遠《うえん》に見えそうなことが案外、実際的な近道であることがすくなくない。

ゆっくり急げ。

船頭多くして船、山に登る

若い人たちが、船頭がたくさんいれば、船をかついで山にのぼることも出来る、という斬新な解釈を編み出した。いくら力があっても、そんなトンマなことをするものはない。

船頭がいなければ船は進まない。船頭がいてくれなくては困る。それはわかっている。ひとりより、ふたりいた方が大船に乗った気持になれるはずだ。多々益々《たたますます》弁ず、ということになりそうだが、そうは行かない。

たとえば、仲間が集まって、雑誌を出そうという話になる。さて、と物知り顔に言い出す人があらわれる。衆知を集めるには、何人かの編集委員をきめて、もちまわりで一号ずつ編集して行こう。方針がぐらぐらしてはおもしろくないから、月々

一、二度の編集委員会を開く。そこで主なことをきめるようにすれば、偏りがなくて、多彩な雑誌になる……。

そういったような提案がなされる。みんな、ひとりで全責任を負わされるのはたまらないと内心、および腰になっているところだから、これをきいてほっとする。たちまち、衆議一決、集団編集制がきまる。

さて、何人かの編集委員が会合をする。Aがこういう企画はどうだといってX案を出すとBが、それならこういうものもあると言ってY案を出す。ところが、XとYはまるで正反対で、とても折り合いのつくものではない。そこでCが、折衷案としてZをもち出すが、これがうまくまとめの働きをするどころか、逆に混乱を深める。XとYとZが三巴《みつどもえ》になって会議を踊らせる。

結局、その日はケリがつかず、次回までもちこしとなる。その次回というのが翌月のことだから、それまで雑誌は動きがとれないままで放っておかれることになる。

昔、実際に、こういう輪番制編集の雑誌があった。めいめい勝手な考え方をして自分の号をつくる。仕事の進め方も人によって違う。あとの号の方が進行が早いという奇妙なこともおこる。そして、とうとう、三月号に四月号の表紙と目次のついた雑誌ができ上がってしまったのだ。それで雑誌は山に登りはしなかったが、座礁《ざしょう》。休刊に追い込まれる破目におちいった。

いつの時代にも、どこの社会にも、こういう失敗はたえず、くりかえされている。いくらのんきな人間でも、さすがに、やがて、これはおかしいと気付く。気付いた人がことわざをこしらえる。

〝船頭多くして船、山に登る〟実にうまい。簡潔にして要を得ている。だれにでもよくわかる。それはお互い多かれ少なかれ、それに近い経験をしているから、こういうしゃれた言い方でよくわかるのである。こどもにきかせても何のことかわからないだろう。こどもにはまだそういう人生経験が欠けているからである。一般に、こどもとことわざはなじまない。ことわざは大人の知恵である。

イギリス人は〝コックが多すぎるとスープができそこなう〟という。コックもまた雑誌の編集者と同じように独裁でなくてはならないのであろう。みんなで話し合ったりしてはうまいスープはできない。

イタリアでは〝カラスがあまりたくさん鳴くと太陽は昇らない〟ということわざが、これに当る。朝、陽の出る前にカラスが鳴く。そうきまっている。鳴かなくては太陽は昇らない。ところがあまりたくさん鳴いてもやはり太陽は昇りにくい。たくさん鳴けばいいというものではないのを教えたものである。

ロシア人は〝子守り七人、こどもは盲目〟ということわざをもっている。七人も子守りがいればよく手がまわって世話も行き届くはず。それがかえって失敗をして、こどもをかわいそうなことにしてしまうというのである。

同じような言い方をしているのがイランのことわざだ。いわく〝産婆がふたりいると赤ん坊の頭がまがる〟。生れてくる赤ちゃんの頭がまがってはたいへんである。よけいな産婆がいるのがいけない。ひとりで充分だ。

エジプトの〝ふたり船長のいる船は沈む〟は日本のと同じ船の比喩を使っている。偶然であろうが、不思議な気がする。日本とエジプトが大昔に相談し合って同じようなことわざをつくったとは考えられない。こういう似たようなことわざが世界中に散在するのは、どこかのものが元になって伝播した結果ではなくて、それぞれ独立に発生したものと考えるほかない。

人間は社会によっていちじるしく違う生活様式、つまり、文化をもっている。そのことを近年の文化人類学はわれわれにつぶさに教えてくれた。ところが多様に見える諸文化の間にも、よく見ると、共通性がみとめられる。もっとも、そうでなくては同じ人間と言えないかもしれない。

考えてみると、日本語にも英語にもイタリア語にも、イヌ、ネコ、父、母という意味の語があるというのはおどろくべきことである。ことばは違っても、指すもの、意味は同じ、あるいはごく近似している。人間の普遍性の何よりの証拠と言ってよい。

しかし、単語の共通性以上に、人間というものがいかに似たことを考えるかをはっきり示しているのがことわざである。

〝船頭多くして船、山に登る〟と〝ふたり船長のいる船は沈む〟とは同じ考え方を代表している。世界は一つなりの感をふかくする。しかも、こういうことわざをだれがいつつくったのか、いまではほとんどわかっていないのもうれしい。庶民の生活の中から自然に生れたのであろう。きわめて多くの人たちの参加があってできたものだと想像される。

ことわざは小さな偏向を好まない。〝船頭多くして……〟があると、これですべてを律しようという単細胞人間があらわれないともかぎらない。それでは困る。釣

り合いをとるために、

三人寄れば文殊《もんじゅ》の知恵

というのがある。これはひとりよりふたり、ふたりより三人の方がよい。衆知糾《きゅう》合《ごう》を教えていて、〝船頭多くして……〟とはまさに正反対である。

多くのことわざが反対命題のことわざをもっているのは注目すべきである。

人を見たら泥棒と思え

という厭世的、人間不信説ばかりが横行しては困る。ときに注意しなくては危いこともあるが、そういうときに「泥棒」と思え、という教えを思い出せばよい。安心してよいときには、

渡る世間に鬼はない

を適用して、のんきに構えていれば、何とかなる。ことわざは一辺倒でないところがいい。これも庶民の知恵であろう。思想家なら好きな方だけ言って、その対極を忘れる。気付いていても、あえて無視する。窮屈な考え方である。ことわざはそこへ行くと、まことにおおらかである。

〝人を見たら泥棒と思え〟と〝渡る世間に鬼はない〟とが共存していたりしては矛

盾ではないか。近代人はどこかの穴が小さいのか、すぐそういうことを言いたがる。

もちろん、両方ともそれぞれに正しいのである。相反することがどちらも正しいなんておかしいと考えるのは石頭である。東から西へ走ってくるクルマがある。南から北へ向かうクルマと交叉点で出会うようになっているとする。どちらか止まらなければ衝突事故になってしまう。

止まらないで、しかもぶつからないようにすることはできないか。できるのである。立体交叉にすれば何でもない。両方とも走っていても交叉点で衝突することはない。

論理も同じこと。同一平面上で、相反することがおこれば、それは矛盾である。ぶつかり合う。ところが、立体交叉になっていれば、すこしもかまわない。さきのふたつのことわざも一見そう見えるが、その実、すこしも矛盾していない。

ことわざに相反する命題のものがあっても、それはことわざの頭が悪いからではない。複雑な人間の現象にこまかく即応しようとした結果がそうなったのである。

社会がひと筋では行かぬということだ。

船頭がいなければ船はすすまない。それはわかっている。もっとも、いないだけなら、船が山に登ったりはしない。動かないだけだ。
船頭がほしいからというので、一隻に何人もつれてくれば、結果はとんでもないことがおこる。これはもちろん船だけのことではない。すべてのプラスの原理につきまとう宿命である。

ある作家の文章に独得の美しさがあるとする。それによって文章は輝く。もっとそれを伸ばそうとする。ある点をこえると、それまでプラスであった特色が一転してマイナスに作用するようになる。デカダンである。〝船頭多くして船、山に登る〟ということわざも、デカダンの危険をいましめている。「論語」にいわく、過ぎたるは猶《なお》、及ばざるがごとし、と。

灯台もと暗し

このごろのカメラは進歩したから、そんなことはないが、五十年も昔は、近い所のものを撮るのは骨だった。

かつてのカメラでも遠いものはよく撮れた。それなのに、三十センチ以内のものは撮ることができない。おかしい。どうして、遠くが撮れて、近いものが撮れないのか。

そう考えて、ひょっとすると、人間の心の目だって同じかもしれないと気がついた。近い所のことなら何でもよくわかっていていいはずなのに、それがかえって案外わからない。親はわが子のことなら何でも知りつくしているように思い込んでいるが、その実は何もわかっていないことが多い。

警察沙汰をおこした少年の親が呼び出されて口にするせりふはきまっている。「うちの子にかぎって、そんな……きっとなにかの間違いです」それで昔から、子を思う親の心は闇だと言ったものである。

お医者はそのことをおそれ、警戒する。さすがに科学者だけのことはある。外科の名医と言われる人でも、自分の子の手術は他人に委ねるそうだ。妙な感情がからまると名医のメスも狂うのかもしれない。第三者の方が結果がいいということをあらかじめ計算に入れている。

伝記についても同じようなことが考えられる。アメリカの文豪ヘミングウェイが死んだあと、いくつもの伝記が出た。それらの伝記ははじめからほとんど問題にならなかった。あんな伝記ではヘミングウェイの本当の生涯はわからないと思った。なぜか。書いたのが、奥さんだったり、近親者だったり、年来の飲み仲間だったりしたからである。

そういう人なら、いちばんよくヘミングウェイを知っていたのではないか。伝記の筆者としてもっとも適任ではないか。そんなことを言う人は伝記というものについてよく考えたことがない、ついでに言えば、人間がよくわかっていないのである。

とにかく、あまりにも近すぎる。空気のようになったものを、われわれははっきり意識にのせることができるだろうか。できない。水を発見したのがだれであるかわからないが、魚でないことははっきりしている。魚は近すぎる。人間のいちばん大事な部分は、たえずくりかえしていたり、言ったりしていて、空気のように感じられるものから成り立っている。それを日ごろから親しんでいる人は、やはり同じ空気になれていて気付かない。珍しいことばかり覚えていて、枝や葉ばかりに気をとられて根幹を忘れるのだ。そういうものを書き集めたものは伝記として長い生命をもたない。

それに比べて、生前ほとんど面識もなかったような人の書く伝記がかえって信頼できる。至近距離を写し出すことのできないカメラの目はすこし離れた所のものにははっきりピントが合わせられる。

伝記よりもうすこし大きな規模のものごとを考えても同じことが言えるのである。歴史というのは、だいたい古い時代の歴史から固まる。学問が進むにつれて時代を降りてくる。ところが、いくら現在に近づこうとしても、二十年以内まで接近することは難しい。

そうは言っても、ときに〝現代史〟を名乗るものがないわけではない。しかしながら、そういう現代史はたいてい、朝の露のように消えて、後に残らない。

歴史の目はすこし距離のあるものを見るのに適している。ごく近くのものはぼんやりとしか見えない。もし、近い所がはっきりわかるなら、自分がどうしたらいいか判断できるはず。そうなれば歴史家はたいへんな賢者にならなくてはならない。遠い歴史上の事件に対しては明快な見解を示すことのできる歴史家が、自己の生活に関しては実に愚かなことをしていることがすくなくない。われわれは歴史家の示す現代の解釈をあまり信用することはできない。それは歴史家が悪いのではない。人間ならみな同じだ。遠いものは見えるが、ごく近くのものは見えないようになっている。近い所を誤らずに見るには神様になるよりほかないだろう。

しかし、それほど悩むことはない。〝いま〟は〝いま〟でも、三十年経てば過去になる。五十年経てば歴史になっている。そのときよく見ればいいのである。もうとんでもない見当違いをする心配もすくない。せっかちな人がピンボケになるのも知らずにいろんなことを言うものだから恥を後世にさらさなくてはならなくなる。君子は危きに近寄らない。

十九世紀のイギリスの大詩人ジョン・キーツは酷評のために命を縮めた。この天才の作品が同時代の批評家の目には何かお化けのように映ったらしい。さんざんな悪評が雑誌に出た。それに対してはっきり弁護する批評もなかった。かねて結核に苦しんでいた詩人にとって、これらがどんな大きな打撃になったか想像に余るものがある。とうとう二十五歳という若さで世を去った。

あとになってキーツをやっつけた批評家、その批評をのせた雑誌は文学史上の笑いものになったが、本当はだれにも笑う資格はない。笑う人間自身も同じことを〝現代〟においてしているに違いないからである。

夏目漱石はいまでは国民文学の大作家となっている。ところが、いまから百年前にはやはり、さんざんな目に遭っている。その低徊《ていかい》趣味があちらでもこちらでも槍玉に上がった。他方では島田清次郎が天才として文壇でもてはやされたのである。一世紀経ったいまから見ると信じがたいほどのひが目である。しかし、それが人間の判断の宿命だから、ひとのことは責められない。

科学でも遠くのことはよく見えるのに近くのことはよくわからないらしい。何月何日何時何分から日蝕がはじまるということはわかっているくせに、どうして、雨がふるとリューマチが悪くなるのか、どうして、台風が近づくとぜんそくの発作が多くなるのか、また、どうして風邪をひくのか、というようなことがはっきりしないらしい。

このように遠くのものがよく見えて、近いものが見えにくい、それが人間の認識の基本的性格である。ことわざはそれを、あっさり、〝灯台もと暗し〟とやっている。理屈を言わないところが心にくい。

〝亭主にはうちのことがよくわからない〟そういうことわざがヨーロッパにあり、〝知らぬは亭主ばかりなり〟というのがわれわれの国では有名である。似たような意味だが、すこし違う。

イギリスには、〝ロンドンのニュースは田舎へ行ってきけ〟ということわざがある。私はかつて、イギリスとアメリカの週刊新聞をそれぞれとって、イギリスのニュースはアメリカの新聞で読み、アメリカの事件はイギリスの新聞で読むということをしていたことがある。かえって正しい理解が得られたように思った。〝ロンドンのニュースは田舎へ行ってきけ〟というのはまさにそれである。

やはり、ヨーロッパのことわざだが、〝従僕《じゅうぼく》に英雄なし〟というのがある。いつも身近に仕えている従僕にとって、ご主人はあまりにも近い存在である。本当のことはよくわからない。あるいは、つまらぬ欠点のみが目につく。富士山に登る人が石ころばかりの山で、これでどこが名山なのか、すこしもわからない、と言ったという話がある。それに似ている。

また、ヨーロッパ人は〝名著を読んだら著者に会うな〟という。会いに行っては著者が迷惑するというのではない。木から受ける感動は作者を遠くにながめているという関係から生じることがすくなくない。それをなまじ会ったりすれば、その感動が消え失せないともかぎらない。想像していたのとあまりにも違った著者を目のあたりにすれば、幻滅がおこるかもしれない。文字通り敬遠しておいた方が、読者自身のためにもよい。せっかく離れたところにいるのに、わざわざ求めて暗い灯台のもとへ飛び込んで行くことはないではないか、というのである。これもまたなかなか味なことばだ。

当人、当事者ではものがよくわからない。そのことを言ったのが〝傍目《おかめ》八目《はちもく》〟である。

碁の勝負を対局者ではなく、わきで見ていると先の手まで見える。八目くらいの差がある。

「本人がいちばんよく知っているだろう」よくそう言うが、本当は本人がいちばんわからない。だからこそ〝人のふりみてわがふり直せ〟ともいうのである。

人間はだれだって、わが身がかわいい。近くにいるものがかわいい。遠くのことはどうでもいい。そういう利己主義、自己中心主義におちいりやすい。それではしかし、人間に進歩はない。逆に、近い所より遠い所へ興味をもつ。そういう本能も働いている。それが好奇心というものである。好奇心はいつも遠くて珍しいものを追い求める。

近くを愛する自己中心主義と遠くへ目を向ける好奇心の二つがほどよく調和したとき、近い所から遠い所までがほぼ一様に視野に入ることになる。ところが、どうも一方的自己中心主義による失敗が多い。それで〝灯台もと暗し〟ということわざが必要になるのである。

娘は棚に上げ嫁は掃きだめからもらえ

何でもないおとぎ話も、そのつもりになると、いろいろに解釈できる。

桃太郎の話にしても、川から桃が流れてきた、それを切ったら赤ちゃんが生れた、赤ちゃんはりっぱに元気な若ものになった、というだけのことを言っているのではない。いくらのんきな昔だって、桃から赤ん坊が生れるなんていうことを本気になって信じるわけがない。

これがどうして桃でなくてはいけないのか、どうして川から流れてきた桃なのか。そんなことすら考えないで、桃太郎の話をしている人間がいるとすれば、ずいぶんおめでたい。みんなこどもの話だから、とバカにしているのか。

おとぎ話としてきくこどもが、これをその通りに信じてもそれは無理もない。しかし、話してやる大人までが、昔は川から流れてきた桃が子を生んだのかと本当に考えるようでは情けない。想像力が欠けている。

　桃太郎の話は決して荒唐無稽《こうとうむけい》なつくりごとではないと思われる。なかなか意味深長である。

　すくなくとも大人は桃太郎伝説をウノミにしないで、たとえば、こんな風に解釈してみてはどうであろうか。

　まず、川から流れてきたというのはよそから流れてきたということである。いずれ素姓はさだかでない。りっぱな家の娘がふらふら〝流れもの〟としてうろついているわけがない。いつの時代でもそうである。

　桃はモモである。人間にもモモという部分がある。モモから生れたモモタロウというのを桃から生れた桃太郎とすれば、くだものから人間が生れたことになるが、文字ではなく、これを耳できけば、オナカから生れたと同じことになる。聖書には「腰《こし》（英語ではロイン〔loin〕という語が使ってある）より生れし子」という表現が何度でも出てくる。モモからこどもが生れてすこしもおかしくないのである。

　川の上流から流れてきたモモとは、あまり開けていないところからきた女性ということかもしれない。山だしの女だ。

なぜ、そういう女性を嫁にする必要があるのか。同族近親結婚があまりにもいたましい結果を生んだからである。なるべく血縁のないもの同士が結婚しなくてはいけない。そういう優生学上の知恵が、いつのまにか人々の間にできる。近くにいるりっぱな娘さんよりは、遠くからきた女性の方がいいというのは、かなり勇気のいる考えである。

だからこそ、それをおとぎ話にして、社会教育を行なう必要があった。川から流れてきたモモに子ができたら健康で強い子が生れた。なるほどこうしなくてはいけないのだ。よそからの嫁を迎えるには、お姑さんになる人の理解が何より大切である。普通まずお姑さんが反対するからだ。それでおばあさんがみずからモモさんをさがしに出かけることになっている。積極的にこの結婚を推進する役を負わされるわけだ。おばあさんが自分でひろってきたのなら、おばあさんのおめがねにはかなっているはず。あとのごたごたもすくなかろう。

哀れなのはモモタロウの父親になる人、モモさんのお婿さんである。名前はおろか、影も形もあらわさない。おじいさんもじゃまだ。山へしば刈りに行ってこいとおばあさんに言われ、ていよく追っ払われているが、とにかく存在はしている。ところがモモさんのお婿さんはどこにもいない。そこでモモ夫人は処女懐胎ということになっている。話としては流れてきた女がすこやかな子を生むということさえ言えれば、それでいいのである。よけいな男なんかに用はない。

こういう風に考えてみると、男というのは何とも影のうすい存在であることがよくわかる。ことはおばあさんとモモさんとの間できまってしまう。男どもは問題にされていない。

こういう風に解釈をすると、桃太郎伝説は、はじめのところで近親同族結婚を戒める優生学的教訓になる。そして、それだけではない。次には、派閥の政治学を教えているのである。

サルとキジとイヌは、同じ地方にいる三つの部族。互いに仲が悪い。たえず争っていて平和な生活もできない。ボスたちはともかく領民たちはそれでひどい苦労をさせられている。何とか平和にできないものかと願わぬ人はないのに、だれもそれを可能にすることができない。

そこへ桃太郎という英雄があらわれる。サルとキジとイヌを集めて、君たち争っていてはダメではないか、などという説教をしたりはしない。サル、キジ、イヌにそれぞれ個別にキビダンゴを与えた。あいにくピーナッツがなかったから、キビダンゴにしたまで。キビダンゴは何やら小判に似ていないこともない。色も黄金色をしている。あるいは領地だったかも、お城だったかもしれない。

つまり、封建体制を確立して、群雄割拠《ぐんゆうかっきょ》の混乱をおさめたということになる。桃太郎はサル、キジ、イヌとそれぞれ主従の関係を結ぶことによって間接的に三部族相互間の葛藤にケリをつけた。抗争する派閥をまとめて大勢力にしたかったら、桃太郎の手法を学ばなくてはならない。

これでいい気になっているようであれば、桃太郎氏はしょせん二流の政治家にとどまる。いつなんどき、いまは同じ主人をいただくサル、キジ、イヌが連合して桃太郎おろしをするかしれない。いつクーデターがおこるかわからない。そんなことがあっては困る。そこで桃太郎先生は仮想敵国鬼が島を考え出した。内輪もめなどしてみろ、鬼が島の鬼にやられてしまう。そうならないうちにこちらから攻撃をかけよう……。こうして内にうっせきするエネルギーを外へ向けて発散させる。あっぱれな政治的感覚である。これだけの器量があれば現代においてもりっぱに天下をとることができる。

まあ、ざっとこういうのが大人のための桃太郎伝説の解釈である。

はじめのところは、近親結婚をさけるために、川から流れてきたモモをひろってこいとなっているという解釈だが、すこし違った解釈もできないことはない。山だしの娘を嫁にもらえ、身分の低いところから嫁を迎えよという教訓にもなる（もっともこれだとモモタロウが健康優良児になるというのとのつづきがうまくなくなる。あるいは、身分の低い家の女性はたいてい頑健だから、強い児が生れてもいい）。

身分のいいところからお嫁さんをもらうと、ろくなことがない。そういう経験を多くの人がして、古くから、

嫁は庭からもらえ
嫁は流しの下からもらえ
嫁は藪《やぶ》から取れ
嫁は木尻《きじり》からもらえ
嫁は門からもらえ

といったことわざがある。これらはいずれも川から流れてきたモモをひろって嫁に

するのと似た思想である。しかし、これは男性の側、すくなくとも、お嫁さんをもらう側の考え方を示している。世の男性がみんな自分より身分の下の女性を選んだら、身分の高い女性は行き場がなくて困ってしまうだろう。

ところが、よくしたもので、名家の令嬢を奥さんにしたい男性、そういう男の親たちがわんさといる。むしろその方が多いくらいだ。それはあまりうまく行かないことが多い。やはり、そういう家柄で結婚の相手を選ぶのはよくないという教訓が必要になってくる。桃太郎伝説もそのひとつに数えてよいかもしれない。

英語のことわざだが、

妻を迎えるときはハシゴをおりろ、友を選ぶときはハシゴを登れ

というのがある。やはり身分の上の女性と結婚することを戒めている。これは日本のことわざだが、

婿は大名からもらえ、嫁は灰小屋からもらえ

娘は棚に上げ嫁は掃きだめからもらえ

というのもある。考えてみると、ずいぶん身勝手な言い分である。しかし、そういうところに頓着しないのが庶民の知恵のたくましさであろう。

これらのことわざの生れたのは現在とは世の中が違う。しかし、人間の心は社会の変化ほど大きく変わらない。これらのことわざの本当の精神は、いまでもひきつがれている。

ひっくりかえして言うと、男は女より家庭において弱い。奥さんの実家がよすぎると、男の影がいよいようすくなる。本来弱い男はなるべく強い立場においてやらないと存分に働けない。それには奥さんを低いところから迎えた方がいいと昔の人は考えたのかもしれない。

いまでも男より女の方が年下の方が似合いの夫婦になると考える。せめて年齢によって〝流しの下からもらえ〟の心を生かしているのだと見ることもできる。

鶏口となるも牛後となるなかれ

日本人はもともとあまり大きなものを好まない国民である。だからこそ、箱庭をおもしろいと感じ、盆栽をめでてきた。小さくまとまった景色は絶景として喜ぶかわりに、雄大な大自然の前ではむしろ怖れさえ感じる。

そういう日本人がいつごろからであろうか、〝大きいことはいいことだ〟ということを言い出した。企業あたりも、とにかく巨大になることを目指して狂奔《きょうほん》した。不思議である。

大人の言うことにいちいち反発するはずの青年が、この〝大きいことはいいことだ〟という考えにわけもなくかぶれてしまったのはおかしい。口ではえらそうなことを言うが、本当は青年も世間の常識によって動くものであることを実証して見せたことになる。

大学を出る人たちがどこを就職先としてえらぶか。大企業ばかりである。従業員が何千人、何万人といるような組織に入ってどうしようとするのか。かならず社長になれるのなら、小さな会社よりも大きな企業の方がいいにきまっている。

大企業へ入ることを希望する人たちは末は社長になることを夢にみているのだろうか。たいていは否である。ただ、大会社の方が安全。〝寄らば大樹のかげ〟と言うではないか。それくらいの気持で大きな会社に入りたがる。

入れる企業の方も、そういう、安全主義者ばかりたくさんかかえては将来、危いことになる。若ものは冒険を好む、という。あれはウソなのであろうか。まっとうなことのできない青年の自暴自棄の変形なのであろうか。就職において、もうすこし冒険的であることはできるはずである。

かつては、教師になり手がなかった。あらゆるところの入社試験がうまく行かなくて、しかたがない、教師でもなるか、となる。ほかにやることもないからしかたがない。教師しかなれない。というわけでデモシカ教師ということばができてしまった。

ところが人材確保法（人確法）ができて先生のサラリーがよくなった。長期の不況でつぶれる会社が出る。これならへたなサラリーマンよりも教員の方が安全で収入もいい。会社志望はやめて先生になろう。そういう大学生が急にふえた。それで大都会をかかえるところでは教員採用試験の競争が何十倍かになる。一流企業の入社試験よりもはるかに競争のはげしい難関となってしまった。デモシカ先生はいまや昔の物語である。ネコもシャクシも教師になりたがる。

急に教育に目覚めたわけではない。もともと教員の仕事などよくわかっていないのである。ただ収入がよくて、馘にならない。いい勤めだというだけで教職志願している人が多いに違いない。

その証拠に、市役所や県庁のお役人になりたい人がまたひどくふえた。昔は、教員ほどではないにしても、さほど魅力のある職場と考えられていなかった。地方公務員を第一志望にするなどというのはむしろ珍しかったと思われる。ところが、これまた教員なみの狭き門になった。給与がいいということと、終身雇用で親方日の丸、絶対つぶれる心配がない。それが不況の時代には何にもまして大きな魅力となるのであろう。

そういうわけだから国家公務員上級試験は文字通りの秀才才媛を集める。大きな組織に属していれば安全であるという考えがいまほど強い時代はないかもしれない。これは世の中が大体において平和で安全だからであろう。戦後間もなくのあわただしい社会においては、人々は案外、危険ということを怖れなかった。冒険と思わず冒険をした。

自分は中流生活をしていると思っている人たちが多くなって、人々ははっきり保守的になった。いくらかのものはもっている。欲を出せばきりはないが、何とかこれで生きて行かれる。それを失わないことが大切である。大きなものに賭けて、いまもてるものさえ失ってしまうのはいかにも愚かだ。

小さな船はいつなんどき難破するかもしれない。大船に乗っていれば、ちょっとくらいのシケがあってもまず安心していられる。そういう気持をもった青年が企業にそっぽを向いて公務員や教員になりたがる。

いつの時代にもそういう考えの人間がたくさんいるのであろう。みんながみんな安全だからといって大船に乗りたがって、小船へ乗るものがなくては都合が悪い。それで、

鶏口《けいこう》となるも牛後《ぎゅうご》となるなかれ

ということばがことわざのように使われるようになったのであろう。

牛は大きいが、その尻尾にとまって享受する価値よりも、小さな鶏の頭になった方がよい、という質的価値への注目である。小なりといえども一国一城のあるじである方が、大きな国の下っぱでいるよりも生きがいがある。それがこのことばの意味である。

牛後に生きがいを見出している人からすれば、小さなところでお山の大将然としていて何がおもしろいか、小成に甘んじて威張っている人間のまけおしみのようにきこえるだろう。鶏口より牛頭の方がいいにきまっている。いまこそ牛後に甘んじているが、これでもいつか牛頭になれないものでもない。牛後氏は牛後氏でそういうまけおしみを言う。人間は自分がいちばんいいと思うから生きて行かれる。鶏口は口であることに誇りをもち、ちっぽけな鶏であることは忘れる。牛後は牛の大きさにのみ目を向け、その尻尾にとまっていることの方は忘れる。他人からみればどこがおもしろいかという生活でも、本人にしてみればそれで結構生きるに値する日々なのである。よそからのよけいなおせっかいは無用である。

ただ、世の中、実際には牛後氏よりも鶏口氏の方が数もすくなく、立場も不利と考えられる。だから、牛後をおとしめて、鶏口をよしとする。天邪鬼《あまのじやく》的なことわざである。人生の正攻法は人からバカにされようとどうしようと、しっかりした牛後となることだろう。

どうも人間には二つのタイプがあるように思われる。そのどちらであるかは幼児期に決定されてしまうのかもしれない。一生の間、変わることがない。

鶏口タイプ

牛後タイプ

いつの世の中も、牛後タイプの方が多数派である。鶏口タイプは普通すこし〝変わっている〟と見られる。こういう人間が間違って、大企業などに入れば確実に落伍する。といって牛後になれない。途中で尻尾から振り落とされてしまう。牛後タイプは中小企業へ勤めても、やはりウダツがあがらない。鶏尾となってしまう。どうせ、尻尾にとまっているのなら鶏より牛の方がまだましである。

社会には鶏口タイプ、牛後タイプの両方がそろっていないといけない。片方ではまずい。牛後タイプを軽蔑して、これをなくそうというようなことを本気になって考えては危険である。

鶏口タイプは、朝のうちの太陽につかまろうとする。雲がかかるかもしれない。まだ光も強くない。不確定要素が多い。その太陽といっしょに天空を昇って行こうとする。

牛後タイプはいちばん高い所に輝く真昼の太陽に乗ろうとする。それからの陽は沈むばかりであるが、でき上がったものの中に安定を見出す。若いのなら、朝の太陽に賭けてみたらどうだ、と言うのはやさしいが、若くても年をとっていても、太陽らしく見えるのは頭上の太陽だけであるらしい。朝の太陽は数時間後には頭上に昇るという理屈すらわからないのか、競って頭上の太陽へ殺到する。それで大企業は才能のある人たちがひしめく。やがて、大船は牛後タイプの秀才をたくさん乗せたまま西の海へ消える。

大学を出る人が、さてどこへ行くかと考える。幸い成績もいい。どこでも希望がかなえられそうである。たいていの秀才は、そのときいちばん華やかに見える業種を選ぶ。入りたいと思えば入られる。秀才の特権である。

それほどの秀才でない人は真昼の太陽はつかみそこねる。午前十時の企業へ入る。もっと成績のよくない人は午前八時の会社へ入る。さらにぱっとしない学士は午前六時あるいは日の出前の太陽と運命を共にしなければならない。正午の会社へ入った人もすぐ幹部になるわけではない。十年十五年と下積みがつづく。英才が雲のごとくいるから、なかなか出世も思うにまかせない。二十年三十年してやっと、首脳部の仲間入りをしようというころになると、どうしたことだ、陽は西海に没しようとしている。こんなはずではなかったと、かつての秀才はなげく。かりに牛頭にはなっても、牛そのものがまさに死せんとしている。

日の出前の太陽につかまった鈍才は、ひょっとすると、永久に日の出を迎えないかもしれない。もし、運よく、日が昇るとすれば、こんなにおもしろいことはないが、そんな太陽に能のある人間がたくさん集まっているわけがない。ぼんやりしていても、思いがけない出世ができる。太陽自体もどんどん上って行く。二重の上昇である。鶏口はひょっとすると牛頭にならないともかぎらない。

やはり、鶏口に分がありそうで、このことわざの存在理由もわかる。

話半分腹八分

ある社内報を見ていたら、「三十分の健康法」という見出しの文章が目についた。はじめは三十分間ずつ毎日する健康法のことかと思ったが、どうもそうではなさそうだ。何だろうとつい読んでみる気になった。その中に妙な算術が出てくる。

腹　八分
仕事　十分
睡眠　十二分

この三つ合わせて三十分というのである。これは三十プンではなくて、三十ブンと読むべきだろう。仕事は存分にやれ。ねるのは存分以上によくねむれ。ただし、腹はいっぱいでなくて八分におさえておけ、というのである。これなら健康間違《まちが》いなし。社内報の筆者はそんなことを書いていた。八分プラス十分プラス十二分でしめて三十分というところがミソ。

私はかねてから二十四分《ぶ》の人生ということをとなえている。奇妙な算術をもてあそぶところはさきの三十分法と同工である。

腹　　八分
仕事　八分
口　　八分

合計二十四分というわけ。食べすぎがいけないのは同じだが、仕事も十分やってはしすぎである。もうちょっとしたいと思うところをおさえてやめておく。ブレーキのきいた仕事ぶりである。いやな仕事なら十分にやってよい。自分では十分やったつもりでもよそ目からすれば八分くらいにしか見えない。それでいい。得意になってする仕事は自分では十分でとめておいたつもりでも、他人の目からすればやりすぎの十二分と映る。八分でおさえておいてちょうどよくなる。仕事も腹と同じく八分がよろしい。

口八分というのも、言いたいことを、すこしおさえる。ひと口多い、という。ひと口ではなくて二口くらい多い。せっかくの話が、二口多いと台なしになる。八割におさえておいてちょうどころ合いである。ひとと不必要なトラブルをおこさなくてすむ。いかにも消極的なようだが、安全運転にはブレーキがよくきかなくてはならない。

ところで、〝話半分腹八分〟。これはひとの話は半分にきけ、腹は八分にとどめておけ、ということであろう。このふたつは内容からはチグハグでつながらないが、七音と五音で調子がいい。何となく落着くように感じるから不思議である。これを七五調から外して、

ひとの話は半分にきけ、腹は八分におさえておけ

などとすれば、分裂的内容が露骨にあらわれてしまう。それだけに、七五調はこわい。かなり無理なことでも、調子がいいから、するりと頭に入ってしまいかねない

からである。

ひとの話というものはどうしても大きくなる。口八分に話してくれる人ならいいが、何倍にもふくらませ、尾ひれをつけて話す。それをきく人がまた都合のよいところを希望的観測でふくらませて受け取ると、たいていのことがバラ色に輝いて見える。そういうきき方をしていれば、あとでダマされた、裏切られた、と相手を恨まなくてはならなくなる。

はじめから五〇パーセント割引いてきけば、当らずといえども遠からず。まずは、めでたしめでたしとなる。

われわれの国では口約束を大切にしない風習がある。とかく無責任な、あるいは景気のいいことを座興に言ったりする。旅に出ると政治家がかなり思い切ったことを車中談として言う。それについてあまり責任を問われない。そういうとき政治家でなくてもとかく話は大きくなりやすい。

とくにきき手の喜びそうな話はふくらみがちであるから、調子のいい話には〝話半分〟という教訓は適切である。

腹八分とはただ食べ放題に食べてはいけない、ということだけでなく、仕事八分、口八分をふくめて、生き方全般について、控え目にせよという含蓄をもっているかもしれないが、ここでは、一応、腹いっぱい食べてはいけない、の意に解しておく。

栄養をとらないと健康体を維持できない。それはその通りで、昔の食生活は動物性蛋白質が不足していた。そのために結核になるものがすくなくなかった。

とにかく、肉を食べなくてはいけないのだと信じる人が多かった。戦後は農村でも肉を多く食べるようになった。なるほどそれで結核はへった。しかし、コレステロールが多くなって、こどものくせに動脈硬化の症状を呈するものがあらわれた。

とにかく腹いっぱい栄養のあるものを食べさせれば丈夫になるように考えた誤りである。肥満になってしまってからでは、減量にひどく苦労する。それより、はじめから腹八分にしておけば世はすべてこともなし、である。

しかし、目の前においしい好物がずらりと並んでいる。いくらでも食べていいと言われているときに、意志の力で八分におさえるのはなかなか楽ではない。意志が弱いのだったら、はじめからごちそうに近寄らないことだ。

長寿社会の研究によると、すこし食べものが不足している地方に長生きをする人が多いという。食べたくても腹いっぱいおいしいものが食べられないのが健康のためになるのである。あるいは、あまりうまいものがないというのもよろしい。うまいものはつい食べすぎる。

人間のぜいたくのうちで料理はもっともぜいたくなものであろう。おいしいものを食べているうちに、だんだん活力を失ってくる。粗食に耐えているほかの民族との競争にまけてしまう。そういうことを、パーキンソンという人が『東洋と西洋』という本でのべている。

文化的に栄える民族は料理に凝るようになる。すべての材料を煮たり焼いたりの調理を加えてやわらかくして食べやすくする。歯でかむ必要がそれだけすくなくなる。使わないから歯が悪くなる（歯を見れば動物の年齢がわかるところから年齢のよわい〔齢〕には歯扁がついているのである）。

歯の弱い民族は活力がおとろえてくる。さほど文化が高くなくて、料理の不充分な食べものを少量しか食べていない周辺の民族が攻め上がってくると、たちまちまけてしまう。

中国大陸では、中原を制したものが、ひとしきり、文化を誇っているが、やがて辺境のたくましい民族にとって代わられる。その民族もやがて繁栄になれて弱体化し、新しい民族に征服されてしまう。そういうことを過去において何度もくりかえしてきた。パーキンソンはそう言うのである。

腹十分に食べていると個人も病気になりがちだが、社会全体としても弱体化する。歯の悪い人間が多くなるというのは、すでにその兆候であるのかもしれない。食べものがありあまるほどあるからこそ、腹八分を心掛ける必要がある。

女性が美容のために減量ということをはじめた。世界でもっとも豊かなアメリカにおいて食事制限（ダイエット）がおこったのは偶然ではない。日本でも戦後の昭和二十年代は食べものが充分ではなかった。努力しなくても腹八分の状態におかれていた。それが三十年代になって何でも食べられるようになり、急に若い女性などが〝太る〟ことを怖れ出した。それは流行として腹八分、腹六分の実行をすすめることになった。

昔の人はたいてい、でっぷりと小太りにふとっていた。歴史の本にある肖像を見ても貫禄のある肥満体の人が多い。〝えらい〟人は存分においしいものを食べられた。それで太る。それが〝りっぱなこと〟と見られたのであろう。

ところが、食料がいくらでもある世の中になると、太っているのは社会的な価値をもたなくなってしまう。健康によくないということの方が大きな意味をもつ。すらっとしているのが美しいと感じられる。腹八分というのは、どちらかと言うと豊かな社会での教訓である。貧しい社会では、そんなことを言われなくても、やむなく腹八分を実行せざるを得ない。

話半分腹八分

人間なら、うまい話はそのまま信じたくなる。おいしいものがあれば、腹いっぱい、十二分に食べなければおさまらない。それが凡夫の常である。そして、あとで、話半分にきいておけばよかった、腹八分にしておけばよかった、と後悔する。そういうときにことわざがあれば便利だ。

想うて通えば千里が一里

私の知り合いには、すくなからず変わった人物がいる。四十歳になったからといって、人も羨むような仕事を惜し気もなくやめて、これからしばらく出家すると言い出した。さすがに頭こそ剃らなかったが、世間との交わりを断って焼きものをはじめた。みんながどうかしたのか、と言ってもいっこうに平気である。

この変人氏の語るところは、次のようである。――もちろん、それまで焼きものの経験はまるでない。ロクロというものを見たのも二度か三度という程度である。それを四十になってからやろうというのだから容易ではない。もっとも、こどものときから焼きものを作ってみたいという気持はずっともっていた、という。ただ、それまでは、始めるきっかけがなかったのである。出家的心境になってはじめて、長年の夢が実現したにすぎない。本人はそう言って涼しい顔をしている。ロクロに土をのせるのはなまやさしいことではない。何度やってもなかなかセンターにのらない。すこしでもずれていると、まわっているうちに遠心力で土がとんでもないところへ飛んで行ってしまう。何度も何度もやって、すこしずつコツをのみ込んで行く。それがこの変人氏にはおもしろくてたまらないらしい。

何とか土がおとなしくロクロの上に坐ってくれるようになっても、それですぐロクロがひけるわけではない。手がぶれて、べろべろの土まんじゅうみたいなものができる。どうしたら土がひき上げられるのか。頭で考えてもわからないから、くりかえし、くりかえし、ただ練習あるのみ。

あまりうまく行かないから、彼は絶望しかけた。ロクロは十代の若いときに修業しないと、ほんものにならないという人がある。やはり、そうかもしれない。気弱にそんなことを考えたりすることもあったそうだ。

何日も何日もロクロ場へ通う。ほとんど進歩らしい進歩はしないが、とにかく夢中で楽しい。そのうちに、まがりなりにも土がのびるようになる。そうなると、いよいよ夢中になる。

ひるすぎ、うす暗いロクロ場へ入って、電灯をつけて作りはじめる。うまく行ったり、失敗したり、またうまく行ったり、そういうことを何度かくりかえして、ふと目を上げると、電灯の光が強く感じられる。もうそんなに時間がたったのかと時計を見ると、夕方である。四、五時間も我を忘れていたことになる。とても、そんな長い時間がたったとは思えない。

そういうことが毎日のようにくりかえされて、この変人氏は浦島太郎の伝説を信じるようになったそうだ。

竜宮に遊んだ浦島太郎は、ほんの数日を夢のように、楽しくすごしたと思って帰ってきたのに、もう郷里には知る人もないほど時代が移り変わってしまっていた。竜宮の時間は、この俗世の時間とは違った速さで流れているのである。夢中の間は時は停止しているのだ。ほんのちょっとと思うのが、実は長い長い時間だったりする。

この変人氏にとってロクロ場が竜宮だったのである。ほんのしばらくと思ったのが、時計の上では何時間にもなっている。いやなことをさせられたら、とても耐えられないほど長いと思うであろう。

牢獄につながれている人は長い長い一日を送るに違いない。浦島太郎のひっくりかえしである。その昔、軍隊に入れられた人が、入隊するとすぐ、あと除隊まで何日と数えはじめ、その数字が一日一日へって行くのを唯一の楽しみにしていたというのも、苦しい時間をなるべく早く終らせてしまいたいという気持のあらわれだろう。しかし、一日一日を数えていれば、かえって苦しい長い時間を確認させられることになり、いっそう一日一日は耐えがたく長いものになる。

想《おも》うて通《かよ》えば千里が一里

好きな人がいる。遠くにいる。会いたいのに、思うようには会えない。やっと思いがかなって会いに行けることになった。待ちに待ったチャンス。心はすでに翼をつけて相手のところへ飛んで行っている。足はあとからその思いを追いかける。どんなに遠い所でも気持の上ではごく近い所のように感じられる。すこしも苦労ではない。

外国にもこれに似たことわざがある。

恋は距離をあざけり笑う

いくら遠くたって距離など問題にしないということだ。もっとも、早く会いたいという心があまりせくと、もどかしくなることもないではない。一里が千里と感じられるかもしれない。不思議なものである。

人と待ち合わせをする。定刻にふたりがぴったり同時に約束の所へあらわれるなどということはめったにあるものではない。どちらかが先に来て、待つことになる。二、三分は何でもない。むしろいい気持だ。先に来たというのは優越感を与える。しかし、それも五分まで。五分をすぎると、時計を見はじめる。貧乏ゆすりをはじめる人もある。じっとしていないであたりを歩きまわる人もいる。十分をすぎるとあきらかに不愉快になる。どうして、あの人はいつも遅刻するんだろう。案外、ルーズで、だらしないんだな。こんなことならあんなに急いでかけつけなくてもよかった。タクシー代、損しちゃった、などなどということが頭の中をかけめぐる。

そこへ遅れたのが、「ごめん、ごめん」とあらわれる。たいへん長く待たせて……と口ではあやまるが、心の中では、たかが十五分ではないか、たいしたことはない、と思ったりしている。待った人と待たせた人との心の中の時間はたいへん違った時を刻んでいる。

前の日に待たされていらいらした人が、こんどは遅れて待たせる方になったとする。待たされたときのことがまだなまなましくあるはずだ。待たせてはいけないと思ってしかるべきである。ところが立場が変わると、まるで別人になる。時はさっさと流れる。ほんのちょっと遅れたと思っているが、十五分待たせていたりする。

エティケットのやかましいイギリスの社交界では、何時と約束したら、その時刻を厳守しなくてはいけない。人の家を訪問するとき、三時ときめたら三時きっかりにドアをノックする。早すぎてもいけない。相手がびっくりする。遅れるのはさらに悪い。十五分も遅れたら、

「〇〇〇氏は死んだのでしょう」

とやられてしまう。死んではたまらないから、時間厳守をする。遅れないようにするには、時間前に着いていて、時間がくるまで外で待つ。あるいは近くを歩く。時間がきたらすかさず玄関に立つ。

パーティなどだったら、そのときドアの前に列ができるはずだ。これでは安き心もない。自由に遅刻できるパーティがいいというのでカクテル・パーティが考えられた。時間を約束した人が来ないで待つときの気持がいかにいやなものか。それを避けるために、時間厳守が紳士の徳として大事にされたのであろう。

仕事が趣味だという人には、一日はあっという間にすぎてしまう。逆に、仕事がいやでたまらない人には一日は長い長いトンネルのように感じられる。

よく、つまらぬ人生のことを酔生夢死《すいせいむし》というが、あっという間に何十年もの歳月をすごしてしまうのは、いかに〝想う〟ものがたくさんあったかの証拠《しょうこ》になる。決して無為の生き方なんかではない。

しっかりした理想、あるいは大きな夢をもって生きている人にとって、十年や十五年はほんとに、あっという間に過ぎてしまうであろう。ちょうど、会いたい人のところへ急ぐのなら千里の道を遠しとしないのと同じである。その意味では、人生を短いと思う人の方が幸福だと言うことができる。長いと思うのは不幸だ。

待つ人にとっては人生は長くなる。待たせる人には同じ人生がさほど長くない。いやいや行く所なら、一里も千里のように思われるに違いない。いつも何か心に夢をもっていることが、苦しいことを軽々と乗り越えるためにもいちばんの方法であろう。

天才はしばしば夭折する。はげしく求めるものをもっている天才にとって、若くして死がおとずれれば、文字通り束の間の人生になる。天才にとっては百歳まで生きてもほんのひとときの人生のように思われるかもしれない。

われわれのまわりには物理的時間と物理的空間からなる現実世界がとりまいている。しかし、人間にはそれとは別に、心理的時間と心理的空間からできている意識の世界がある。両者を混同するところから、思いもかけない混乱や誤解がおこる。ある人にとって、千里が一里になるのに、別の人にとっては一里が千里に感じられる。それが人間のおもしろさである。

想うて通えば千里も一里
会わずに帰ればまた千里

弘法も筆の誤り

「山王さんの奥さんでいらっしゃいますか。こちらは内山ですが、いつもお世話になっています。四国へごいっしょに行くことになっていますが、時間になっても山王さんがお見えになりません。時間を勘違いしていられるようです。向うでの仕事もありますので、私だけさきにまいります。ご連絡がありましたら、さようお伝えください」

羽田から山王さんのお宅へそういう電話をして、内山氏は飛行機に乗った。山王さんと四国松山でその日の午後に予定されている会に行くことになっていて、同じ飛行機に乗るはずであった。それが出発の十五分前になっても山王さんはロビーに姿を見せない。途中でクルマがこんだのかもしれない、などという理由はこの人の場合考えにくい。慎重で、綿密な人だから、クルマの渋滞などは充分計算した上で行動する。さては何かあったに違いない。内山氏は気が気でなかった。

内山氏と山王氏とは、きのうきょうの付き合いではない。これまでも何度かいっしょに旅行している。お膳立をするのはいつも山王氏である。これが実に綿密であって、水も洩らさない。

予定表というものをガリ版に刷ってあらかじめ家へ送ってくれる。この次の旅行について、いつ何で出発して、どこへ何時に着く。クルマで何分、どこどこへ着いて、何々をする。何時に終って、夜は何とかホテルに投宿。そのアドレス、しかじか。電話番号これこれ、といたれりつくせりである。それさえもっていれば、旅行中のスケジュールはすべて一目でわかる仕組みになっている。

こんどの松山行きにも、もちろんその予定表が航空券といっしょに送られてきている。内山氏はそれをもって羽田へ来た。いつもなら、内山氏が空港へ着いて、搭乗手続きをしようとしていると、どこからともなく山王氏があらわれて、やあ、こんにちは、という順序になっている。それでホッとして、あとは旅なれた彼の言うがままに動いていればよい。

それがきょうはおかしい。いつものような風にはことがはこばないのである。搭乗手続きのところへもあらわれない。出発ロビーへ入ってもそれらしい人物が見当らない。内山氏はちょっと優越感をもった。きょうは彼より早く来たらしい。それが、しばらくすると、不安に変わった。いくら何でも山王氏が来ていないはずはない。いないところを見ると、遅れたのは、あるいは、間違ったのは、彼ではなくて、こちらかもしれない。内山氏がそう気付いたからだ。

それで例の予定表を改めてよく見た。実はそれまで、作ってくれた彼には悪いが、内山氏はそれをあまりよく見てなかったのである。安心しきってかえって、おろそかに扱っている。家を出る前に航空券の方はよく見て時間を確認してある。ところが、予定表を見ておどろいた。出発便は十一時五十五分発全日空八一九便で、ロビーでの待ち合わせ時間十一時二十五分とある。八一九便は十一時二十五分発である。そんな時間に待ち合わせていては間に合わない。

十一時五十五分発の松山便があるのかもしれない。赤い服を着た全日空のお嬢さんにききに行ったら、彼女はそんなのはない、十一時二十五分の次は十四時までないと言う。そこではじめて山王さんの間違いだとはっきりした。お宅へ電話した。

奥さんも、あまりおどろいていないのは、十一時五十五分と思い込んでいるからであろう。ご主人を信じること、これくらい深ければりっぱである。

とにかく、こうなったらひとりで乗るほかはない。内山氏はそう観念した。飛行機の中でも落着かないで、松山へ着いた。着くと出迎えの人が東京からの連絡を伝えてくれる。山王さんは遅れて十四時の便で追っかけてくるから、こちらは予定通りに動いてほしいというのである。

その晩、内山氏は山王氏のしょげかえった顔を見、弘法も筆の誤り、というじゃありませんか、と慰めた。

飛行機の時刻表は毎月変わる。航空券を買ったのは、前の月だった。そのときは、たしかに全日空八一九便は十一時五十五分となっていた。それによって切符を買った。ところが切符には翌月の時刻表によって三十分早い十一時二十五分とある。ところが山王氏は、十一時五十五分と思い込んでしまった。切符の時刻をたしかめることなく、前記の予定表も作ったのである。

作った本人はそれを信用する。それによって行動して遅れた。内山氏は、なまけてろくに予定表を見ないで、切符だけ見て空港へやってきて間に合った。

日ごろから山王氏が几帳面な人でなければ、内山氏も空港であれほどあわてなかっただろう。決してミスをしない人だとひそかに敬服していただけに、切符の時刻が違っているのではないかと係員に問い合わせたくらいである。

これがいつもへまばかりやっているような人間のくれたメモなら、たちまち相手の誤りだと思うに違いない。つまり、間違いの罪は軽くてすむ。だれもだまされる人はないからだ。ところが、山王氏のように信用のある人が万が一にも失敗すると、思いもかけない大問題になる。この場合は飛行機に乗るか遅れるかくらいで、どちらにしてもたいしたことはないが、もっと深刻な例だって考えられないことはない。

〝弘法も筆の誤り〟弘法大師のような能書家でも、ときには書きぞこないがある。それと同じように、どんなえらい人、上手な人でも、ときに過ちはあるものだ、という意味である。同工異曲。英語には、〝ホーマーでさえ、ときには居眠りをする〟というのがあって、ホーマーはヨーロッパ最初の大詩人とされる人だ。そのような人の作でも、居眠りしながら書いたのではないかと思われるような平凡でつまらない箇所がある、というのだ。

それだけのことだったら、何ということはない。過ちは人のつね、という。どんな人でも人間であれば、無過失ということはあり得ない。その頻度が多いか、すくないかだけである。ミスのごくすくない人は、他人から見ると、まったくミスをしないように見えるかもしれない。そう思われる人には権威ができる。あの人なら大丈夫、よもや間違うことはあるまい、とまわりから信頼される。

　そういう人がもし、失敗すると、日ごろが日ごろだけに、ひどく目立つ。凡人ならしょっちゅう書き間違いをしている。書き損じてもだれも珍しがることはない。それにひきかえ、弘法大師のような人が書き違えると、珍しい。予想を裏切られるから、他人はびっくりし、実際以上にこれを喧伝《けんでん》する。弘法も筆の誤りをするんだ。そうらしい。やっぱりね、などと、ひどく感心する。

　そういうことわざができると、これまでは気付かずに見のがされていた筆の誤りまで注意されるようになる。

　十三日の金曜は不吉だと欧米人は縁起をかつぐ。日本人は気にしないが、彼らは飛行機などもなるべく乗らないようにするから、十三日の金曜日にはたいていの飛行機がすいている。いったんそういう迷信ができると、どうだ、実際に十三日の金曜によく飛行機が落ちるではないか。

ここ三十年ぐらいの間でも、記憶のいい人なら、十三日の金曜日に落ちた飛行機がいくつもあることを覚えているだろう。そうしてますます十三日の金曜は不吉な日という迷信は強まる。

なぜ十三日の金曜日によく飛行機が落ちるのか。落ちると思っているからだ。ほかの日に落ちた飛行機のことはすぐ忘れてしまう。十三日の金曜日に落ちたのは忘れないでいつまでも覚えている。それで、ついには十三日の金曜は実際以上にしばしば飛行機が落ちているような錯覚をもつようになる。

それと同じで、〝弘法も筆の誤り〟ということわざができると、そういう例によく出会うようになる。実際よりも、弘法の筆の誤りが多いような印象を与える。山王氏にしても、一度ああいう失敗をすると、筆の誤りが強調されて、たえずミスをしているような風に誤解されるおそれがある。よほど緊張して再発を防がないといけない。かりそめのことが決してかりそめにならない。

それとは別に、また、こういうことも考えられる。弘法が筆の誤りをする。弘法だからするはずがないと思い込んでいる人たちにとっては、筆の誤りが誤りとされないで、それに意味付けが行なわれることがないとは言えない。〝猿も木から落ちる〟という。このとき猿はあやまって木からすべったのではない。わざとすべってみたのだという講釈がつけられるかもしれない。

つまり、弘法や猿には権威がそなわっている。筆の誤りをすることはあるまい、木からすべったりする醜態を演ずることは考えられない、となる。そういう信頼があると、ミスをミスと認めないどころか、逆にそれをありがたがる傾向すら生れる。

昔の偉い人が、太陽が地球のまわりをまわっているのだと言った。言った人が偉かったから、それを誤りだとするのにひどい長い歴史が必要になってしまった。やはり〝弘法も筆の誤り〟はなかなか厄介なものである。

目くそ、鼻くそを笑う

P会社のQ部長が、訪ねてきた友人のR氏に向かってこう言った。

「あそこで道路工事しているだろう？　忙しそうにしてるけど、結局、右へもって行ったものを左へ戻し、左へもっていったものも右へかえしているだけで、すこしも仕事なんかしてやしない。でまかせではない。ぼくはちゃんとこの目で見てたんだから、この三十分間ずっと」

「何だって！　じゃ君はその間どれだけの仕事をしたことになるの？　〝目くそ、鼻くそを笑う〟の類じゃないか」

とR氏がやって、大笑いになった。自分のことは棚に上げて他人のことを責めるのが、〝目くそ、鼻くそを笑う〟である。〝猿の尻笑い〟とも言う。

目くそが鼻くそを、何だきたないじゃないかといって軽蔑するが、そういう本人の目くそだって決してきれいなわけではない。第三者から見れば〝五十歩百歩〟いい勝負であるが、目くそにしてみれば、大違い。鼻くそと同列に扱われては、それこそ、ミソもクソもいっしょにする乱暴なことだ、といきまくに違いない。

人間にはだれでも、わが身かわいや、の心理がある。自分には点が甘い。当然、他人に対しては辛い。自分につける点をとくに甘くしなくとも、他人にひどい点をつければ相対的に自分が光ってみえる。

学校出たてのホヤホヤ先生が試験をすると、たいていとんでもない難問を出す。そしてきびしい採点をするから、結果はさんたんたるものになってしまう。そうしておいて、かけ出し先生は言うのである。

「あのクラスの学生はひどいですね。まったくできません」

「このごろの学生は試験だというのにロクに準備なんかしてこないのですからね。あきれますよ、まったく」

「りくつばかり言うんですね、いまの学生は。困ったものですよ。もっときびしくきたえないと、ためになりませんよ」

などなど。学生ができない、怠けている、ということに安心、満足しているかのごとくである。もっとできなければ、もっと満足するかもしれない。

だいたいかけ出し先生が、「このごろの学生」だの「いまの学生」だのと言うのはかたはら痛い。そういう本人だって、ついこの間まで「いまの学生」のお仲間だったではないか。ハタのものは腹の中でそう思って笑っているが、本人はそうは思わない。いまやりっぱな先生さまだと思いたい。だから、あえて、「いまの学生」はしかたがないということを確認しておきたいのである。裏がえして考えれば、この先生はまだ、学生とあまり違わないくらい若い。混同されてはたまらないから、学生を笑い、学生をいじめる。

目くそ氏にしても鼻くそ氏と似たりよったりであるからこそ、鼻くそ氏を笑いものにして、オレはそんなにきたなくはないぞと思いたい。違うことを自分で納得したいのである。目くそ氏と鼻くそ氏との車間距離が小さい。それをもっと、ひろげなくてはならない。嘲笑は車間距離を心理的に大きくする効果をもっている。

目くそ氏は自信家である。だから、鼻くそ氏と一線を画したい。同類扱いは迷惑だというのだ。鼻くそ氏を笑いものにして自分をきわ立たせようとする。もし、ひどく弱気な目くそ氏がいるとすれば、笑うなどということは夢にも考えまい。むしろ、鼻くそ氏と同類になって、その陰にかくれていたいと考えるに違いない。
アメリカの黒人たちが白人から差別されて苦しんできたのは、知らぬ人もない事実だが、おもしろいことに、黒人たちが自分の姓名を自由に名乗ることができるようになったとき、わざと平凡な名を選んだ。

黒人は白人とは違う民族である。アフリカ以来の名前もあるはずだ。ところが、たいていの黒人がジョージ・ブラウンとかロバート・スミスといった、ごくごくありふれた英語名をつけた。日本なら、さしずめ佐藤一郎とか鈴木次郎といった名である。

なぜそういうありふれた名をつけたのか。目立ちたくないからである。せめて名前を見た段階だけでも黒人だと思われたくない。そういう気持が働いて、平凡な名前の中にわが身をかくした。目くそが自分を恥ずべきものと知っているときは、決して鼻くそを笑いものにして、自分ひとりよし、とするようなことはしない。逆に、すこしでも鼻くそに似るようにつとめて、目くそと呼ばれることを避けようとするに違いない。

こう考えてみると、人目につく名前をつけるのは、自信を誇示する証拠になる。あまりいい趣味ではない。ごくありふれた名をつける親はそれによって、世の中に対してひかえ目な態度をとっていることを表明している。ありふれた名前は見直されてよい。

アメリカの黒人が社会的に目ざめ、自己の権利を主張するようになって、命名にもはっきりした変化が見られるようになった。戦闘的黒人はもはやジョージ・ブラウンなどという名に我慢がならない。アフリカ式の名をあえて名乗る。堂々と黒人であることを押し出す。

ここにA君とB君というふたりがいるとする。このふたり、することなすこと、実によく似ている。性質も似ている。だから仲よくしてよさそうに思われるが、実際には、その逆で、たいへん仲が悪い。ちょっとすると、すぐ言い合いになる。はては泥仕合をはじめる。第三者から見ると、目くそ鼻くそを笑うようなことがいくらでもあるのに、本人たちは、ほんのちょっとした違いを絶対に許し得ないことのように思い込む。同類反発である。

かつての大学紛争のころ、学生のセクトがたくさんできた。その主張はほとんど同じような強い調子をもった反体制思想である。局外者にとってはX派、Y派、Z派のスローガンは、目かくしして飲まされた三つの違ったメーカーのビールが区別つかない以上に区別がつきかねる。そんなことなら、いっそのことXYZは大同団結をして勢力増強をしたらどうか、と知らない人間は考えるかもしれないが、どっこい、そうは行かないのだ。

むしろ、近い関係にあるセクト同士の方がかえってはげしい抗争をする。いわゆる内ゲバである。その犠牲になって殺された人もすでに何人もいるほどで、XセクトYセクトを笑う、などといったものではない。〝目くそ、鼻くそを殺す〟ともいうべきものになる。

同類反発とは、同じ部類に属しているからこそおこる。同類だから比較ができる。かなりの部分が同じであると、違うところがかえって強調される。目くそと鼻くそとはともに〝くそ〟であるところは同じ。いずれもあまりきれいなものではない。ただ、すこしちがう。その違いを目くそは自分に有利と解して鼻くそを笑う。これが目くそと足のうらのアカだったらどうか。比較にならない。目くそにしても笑う気にならないだろう。目くそと鼻くそがともに〝くそ〟であるから比較が成立する。

似たもの同士で仲よくできそうなのが、かえってけんかばかりしているのは、人間の心に深く根ざしている本能によるのかもしれない。

その反面、まるで、対照的ですこしも共通点がないような人と人とが、思いのほかうまく協調できることもすくなくない。

考えてみると、似たものが互いに似ていることを認めて、反発し合うのはまだいい方である。目くそが自分では鼻くそとはおよそ似てもつかぬほどりっぱだとうぬぼれて、鼻くそを笑うこともしばしばおこる。

そういう場合のことわざに、〝ひとのふり見てわがふり直せ〟というのがある。われわれの目は外を向いている。ひとのことなら見えるが、自分のことは見えない。いい気になりやすい。自分を見るには、鏡がいる。他人はその鏡というわけだ。目くそは自分がきたない〝くそ〟であることを見ることができない。鼻くそをみたら、自分もあんなものだろうなと反省しなくてはならない。ところが浅はかにも目くそは、自分のことを棚に上げて、鼻くそを笑って、かえって、もの笑いになってしまった。

だれでも、ひとのことはよくわかるのに自分のことはわからない。したがって批判力は発達しやすいのに、反省はどうしても甘くなりがちになる。さればこそ、"己を知れ"が昔から重大な命題となっているのだ。"敵を知り己を知れば百戦危うからず〟と兵法にある。当り前のことである。目くそが鼻くそを笑っている世の中において、目くそが自分が目くそであることをわきまえ、かつ鼻くそがいかにして、自分と似ておりながら、なお、違うかを冷静に見抜くというのはまず至難である。そういうできにくいことをなしとげられる人は不世出の英雄である。百戦百勝も怪しむに足りない。

英語で〝目くそ鼻くそを笑う〟に当るのは、〝なべがやかんを黒いと言う〟である。なべ底も黒いのに、自分には見えないから、やかんの尻を見て、何だ、黒いじゃないか、と言うのだ。

イギリスと日本で、表現の技法は違うけれども、言おうとしていることは実によく似ている。まったく違ったことばを使い、まったく違った社会と歴史の中に生きてきたふたつの国民が、同じ人間の心理に着目しているというのは、おどろくべきことではないか。人間はやはり人間としての心を共有している。

桜切るバカ梅切らぬバカ

ことわざは人間に対して辛い目をもっているのであろうか。残酷なことを平気で言ってのける。人を見たら泥棒と思え、というのもあるが、人を見ればみんなバカに見えるのか、やたらにバカバカと言う。

あるいは、ことわざはバカが好きなのかもしれない。イギリスのすぐれた随筆家チャールズ・ラムに、「われ愚人《ぐじん》を愛す」というエッセイがあるが、ことわざはそんなに力むこともなしにバカを愛しているらしい。心にくい〝おやじ〟だ。ラムさんなどより役者が一枚も二枚も上手《うわて》ではないのか。

ちょっと思い浮ぶバカのことわざだけでも次のようなのがある。

バカがあって利口が引き立つ
バカに兵法なし
バカにかまうと日が暮れる
バカに苦労なし
バカにつける薬なし
バカには勝てぬ
バカのひとつ覚え
バカの一念
バカの大食い
バカを見たくば親を見よ
バカとハサミは使いよう
バカとこどもは正直
バカと餅には強く当たれ
バカは死ななきゃなおらない
バカも一芸

バカな子ほどかわいい
バカな子をもちゃ火事よりつらい

ずいぶんあるものだが、そのほかに、
桜切るバカ梅切らぬバカ

というような、中間にバカのはさまったものもある。この〝桜切るバカ……〟は、木によって枝をとるのにも方法が違う。ときと場合によって、やり方を変えなくてはならぬ。杓子定規ではだめだというわけだ。なかなか現実的である。

こどものしつけについても似たことが言える。きびしくしつけなくてはいけないと言われると、厳格一点張りになる親がすくなくない。ほめるべきところでも渋い顔をして、そんなこと当り前だというふりをしている。これでは伸びるものまで止まってしまう。伸びるにしても勢いが悪い。ほめるべきところではほめなくてはうそだ。

学校の先生にも一点張り式がいくらでもいる。A君がいたずらをした。叱る。そのすぐあとすばらしい成績をあげたとする。りっぱな先牛なら、さっき叱ったことなど忘れたように「よくやったね」とほめる。ところが、たいていの先生は、さきのいたずらにこだわる。すこしくらいできたって、ああいうことをするようでは帳消しだと思って、ロクにほめようともしない。

また、できないと思い込んでいる生徒には、いいところなどあるはずがないと考えるくせもある。いかにできない生徒でも、すこしはよくやるときがないではない。そういうときには、はげまし奨励してやらなくてはならないのである。

よそのうちの子が、ピアノの練習を毎日三時間ずつするという話を聞いてきたお母さん、

「雪子ちゃんにまけないようにやりなさいよ。何ですか、テレビばかり見て」

とわが子、月子をしかる。お母さんには雪子は雪子、月子は月子であることがわかっていない。雪子がどんなに熱心にピアノをしようが、月子が同じようにできるとはかぎらない。ほかのことに向いているかもしれない。

ピアノだけではない。勉強すべてそうである。先生が生徒に訓戒を与える。

「中学三年で、こんな数学がわからなくてどうする」

ところで、生徒のひとりひとりは〝中学三年〟という人間ではない。みんな違っ

た中学生である。同じ問題が同じように解けなくてはいけないと考えるのは非現実的である。

桜は切ってはいかん、梅は切れ。一貫していない。同じ植物の枝をとるのに論理の矛盾がある。そう考える人がある。逆のことを言うとすぐ頭が悪いときめつけるのは、こういう連中である。

世の中のクルマがみんな東西にだけ走っていてはたいへんだ。南北に走るクルマも必要である。しかし、両方のクルマが同時に走れば、たちまち衝突してしまう。矛盾をおそれる人たちはこの衝突がこわいのである。それで桜を切らぬなら梅も切るのはよすべきだ、と主張する。イデオロギー・バカである。

社会はしかし、イデオロギー・バカによって動いているのではない。現実派が支配している。東西のクルマと南北のクルマが共存できるようになっている。交通のはげしいところでは、信号をつけて、一方が通るとき、他方のクルマをとめる。これで衝突は避けられる。

そのうちに、交叉点でどちらもクルマをとめないで走りつづけたいと思うようになる。一方的な考え方にしばられる人にはそんなことは考えられもしない。そんな無茶はできるものではないと考えるだろう。ところが、立体交叉にすれば何でもないことはいまや小学生でも知っている。〝桜切るバカ梅切らぬバカ〟も、論理の上ではこの立体交叉である。決して矛盾でもなければ、衝突でもない。きわめて現実に即した考え方である。

ことわざがときに〝偉大な〟思想以上に複雑なのは、総体としての論理が立体的だからである。小さな主義で割り切っていない。

人を見たら泥棒と思え

という。これだけなら、社会には泥棒しかいないことになってしまう。そんな極論ではだれも納得しないにきまっているが、学者の説、ある種の政治家の主張をきいていると、それに負けないくらいの極論がすくなくない。ことわざの目はそんなやぶにらみではない。複眼であるから、ちゃんと見るべきものは見てる。

渡る世間に鬼はない

とさらりとやる。ことわざを使う人が一方のあって他のあることを知らないようだと、せっかくの人生の知恵もカタなしになってしまう。〝人を見たら……〟を使うときには、頭の中で〝渡る世間に……〟があることを思い浮べていなくてはいけない。一方だけがすべてであると思っては誤る。

ことわざの本当の価値を知る人がすくないのは、ひとつひとつのことわざを孤立させて考え、使うからである。総体として見なければならない。いかにも一方だけを見ているようだが、かならずその逆のことも忘れていない。ことわざは、きわめて柔軟で優秀な頭脳の持ち主である。たいへん複雑な認識のできる、くもりのない目をもっている。

さきにあげたバカの出ることわざでも、

バカな子はどかわいい

と言ったかと思うと、

バカな子をもちゃ火事よりつらい

という親心も忘れてはいない。われわれにはそういう柔軟な考え方ができないから、こういう一見対立するように見えるものに出会うと、矛盾のように考えやすい。

近代人、ことに、すこし多く教育を受けた人たちは、何だ、ことわざか、と頭から軽蔑する。言外に教育のない連中の使うものさという気持がある。知識人は思想があり、哲学があるというのであろうが、なまはんかな思想に負けないものをことわざはもっている。思想に比べて歴史もずっと古い。近代人は単細胞になって、ことわざも一面的にしか考えられなくなった。それでりっぱなことわざをつまらなくしてしまったのである。

このように、ひとつのことわざが一方のことを言っていれば、たいてい、その反対のことをとらえたことわざがあるものである。ところが、ひとつのことわざの中に矛盾するようなことを言っているものは比較的珍しい。

桜切るバカ梅切らぬバカ

はその珍しいことわざのひとつである。こういうことを直観的にとらえられる人間はすばらしい。われわれはことわざを生み出した人たちの知恵に対して、もっと謙虚でなくてはならない。

売り家と唐様で書く三代目

イギリスに、

紳士をつくるには三代かかる

(It takes three generations to make a gentleman.)

ということわざがある。成り上がりものが紳士でないのははっきりしている。二代目にもまだまだ育ちのいやしいところが残っている。幼いときの環境がよろしくない。ところが三代目になると、生れたときから、御曹子であるから、いかにもおっとり育つ。充分な教育を受けさせてもらえる。教養も申し分がない。

そういうわけで、日本人で三代目なら金釘流であるわけがない。中国流のりっぱな字を書く。それは結構である。イギリスのことわざは、その結構な面を見たもの。

ところが、結構でない面のあることも忘れてはいけない。〝売り家と唐様《からよう》で書く三代目〟はそれに目を向けている。辛い目である。

子だくさんの貧しい家に生れた四男坊、五男坊は、はじめから生存競争を肌で感じて大きくなる。いち早く、人の顔を読むことを覚える。うっかりしていれば、おやつも貰いそこなう。へたすればいつポカンと一撃をくらうかわからない。大きくなれば、どこかよそへ出て行かなくてはならない。文字通り裸一貫で奉公に出る。百里の道を十三、四歳のこどもが歩いて上京したという話はいくらでもあった。

仕事を与えられたら猛烈に働く。そこよりほかへ行く所がないと思うから、命がけ。気がついてみると、朋輩から抜きん出ている。彼には帰る所がない。石にしがみついても成功しなくてはならないと思って働く。仕事をすみかにするほかに生きる術がないのだ。こうしてたたき上げの立志伝中の人物は生れる。

若いときの苦労は買ってもせよ

と言う。苦労は人間を育てる妙薬である。よくきく薬なら金を出して買うのが道理であろう。もっとも、

良薬口ににがし

であるから、いやだ。飲みたくないのが人情で、飲まないものを買うのは無駄だと考える経済観念の発達した才子があらわれるのも自然である。

人間がどうして成長するのか、いまもってよくわからない。ただ、いくらかの見当はついている。苦労が身のためになるというのはそのひとつだ。わかっていてもその通りできないのが、これまた人間のおもしろいところである。

若いときの苦労は買ってもせよ

ということわざなら知っている人が、自分のこどもにすこしでも苦労させないようにと、あれこれ心を砕く。付属幼稚園へ入れると、その上の付属小学校へトコロテン式に進める。さらにその上の付属中学、高校へも試験らしい試験なしに行ける。試験を受けさせてはかわいそうだ。その試験がなくて上へ行けるのなら、何としても、その幼稚園に入れなくては、と親心で考える。そういう親が多いから、どこもたいへんな競争になる。

これは一度だけの苦労で二回、三回の苦労をなくしようとするのだ。苦労が薬なら一回より二回、二回より三回と回数の多いほどよくきくはずだ。せっかくの妙薬も一度しか飲まないのではきき目がない。付属の学校のこどもが能力を出し切らないで、どこか三代目的におっとりしているのは故なしとしない。山中鹿之助ではないが、七難八苦を与えたまえ、ということこそ、もっとも子を愛する道である。

教育に関心の高い社会などと言いながら、付属学校にこんなに人気がある。つまり、本当の教育がこわいから、それを避けるコースはないか目の色を変えているにすぎない。それを教育熱と見るのは目が変なのであろう。なまじ、親たちが苦労してきたために、よけいに、こどもにはさせたくないと思う気持が強いのであろう。

その苦労のひとつに貧しさがある。ほしいものが買えないのは悲痛である。手に入らなければますますほしくなる。しかし、我慢しなくてはならない。そうして努力にも耐える心が養われる。

いまの日本人は十人のうち八、九人までが、自分の生活を中流だと思っているという調査がある。それは大人の意識である。親としてこどもにうちの生活をすこしでもよく感じさせようと考えるのは、いわゆる虚栄心ではない。自分で中流的だと思う生活をしているのなら、こどもには中流の上のように思わせたいだろう。中流の上なら、何不自由させない生活でなくてはおかしい。ほしいというものは、無理をしても買い与えるのが新しい話せる親だと錯覚する。

こうして、買ってでもしなくてはいけないこどもの苦労を奪ってしまう。温室の中のキュウリのように、カサばかり大きくなる。それを眺めて目を細めるのが親たちである。

貧しいのは冷たい風呂のようなものだ。入っていろ、と言われたって長く浸っていられない。飛び出す。外の方が楽だ。冷水の中でふるえているよりも努力した方がよほどまだましだと思うだろう。

人間は怠けものにできている。動かなくてすむなら、わざわざ動きまわったりしない。じっとしていられないときに、しかたがなく働く。気候温暖な所の人間はだいたいにおいて、あまり努力しない。南洋の島に住む人たちは食うものに不白由しないから、あくせくしないでのんびり暮している。自然のさびしい北の国々でまず文明が発達したのは偶然ではない。

ぬるま湯に浸っていれば、どうしたって出たくない。じっとしていたい。その方が楽だ。現状維持はしばしば進歩を嫌う。

冷たい水が何よりの先生なら、ぬるま湯はおそろしい誘惑者である。貧乏でもダメな人間なら、豊かになったらどうなるかわからない。

幼いときに親を失うほど大きな不幸はまたとない。母親が亡くなれば、継母ができる。他人というものが、どんなにおそろしいものか、小さいときに親を失ったものでないとわからない。

ふるさとは蝿《はえ》まで人を刺しにけり　　　　一茶

俳人の一茶も継母で苦労したひとりだから、こういう句をつくった。考えようによっては、母を亡くしたから俳人一茶が生れたのかもしれない。幸福に家督を相続できたら信州に埋れたままであったのではなかろうか。

親を失うことは不幸にして幸福である。親にしてみればわが身の死をもって、わが子に不幸、苦労という薬を残すのである。これほど大きな親の愛情はないと言うこともできる。

両親そろっているのはめでたいが、それでは苦労がすくない。家が貧しければ苦労があるからまだ幸いである。貧乏だったら、運命に感謝しなければならないくらいである。

われに七難八苦を与え給え

はたんなる逆説ではない。人間にとって何が幸福であるか、にわかに決することはできないのではなかろうか。

金持のお坊っちゃんに育てば、楽しいにきまっている。言うことは何でもかなう。何を言ってもさからう人はすくない。思うようになる。世の中って、実に、簡単なものだ、と考えても不思議ではない。いつも晴天。だから、まわりには晴天の友がわんさと集まる。人生の花園はいつまでも花の散ることを知らぬかのようである。

人を見たら泥棒と思え

というのは貧しい人たちの人生観である。御曹子には関係がない、と思っている。ところがこの世の中には泥棒もスリもいる。晴天ばかりでなく、雨の日、風の日もある。傘をもっていなければ、濡れる。苦労知らずは、そのとき、春雨じゃ濡れて行こう、などとのんびり構えていられない。

見ると、いままであんなにたくさんいた友だちは、みんなめいめいの傘をさして向うへ行ってしまった。だれひとり、傘を貸しましょうかと言ってくれる人もない。晴天の友に裏切られたとわめいてみたところで後の祭り。要するに、人間が甘い。だまされやすく、人をうらんでもそれは身から出たサビというものだ。

こうして、初代が築き、二代目が守ってきた家を三代目がつぶしてしまう。そのときに残るのは、わずかに、金にならない教養というわけだ。なまじ、唐様にりっぱな字の書けることが没落家族の悲哀をいっそう痛切なものにする。

成功者の子孫がいつまでも栄えつづけていては社会的な不公平？である。栄えたものが亡びる。貧しいものが努力して栄達を得るが、それも束の間のことで、三代目の孫が没落してまた元の木阿弥にしてくれる。上がったり下がったり。天下これ公平なり。

ヨーロッパの中世の人は、運命は水車のようなものだと考えた。下の方から上へ昇って行った水は、やがて頂上に達する。この勢いがいつまでもつづくように考えるのが人間だが、神はそんなに甘くない。かならず、下り坂になって、ついにはいちばん下まで来てしまう。そこで絶望するのは早い。また上昇するチャンスがある。人間はこういう循環作用をくりかえしているのだというのである。

三代目で、運命の水車はひとまわりするらしい。めいめいの人生はその水車のどこにあるのか、ときどきそれを考えてみるのも無駄ではあるまい。

そうすれば、苦しいときこそ希望をもつべきであり、万事順調にはこんでいるときにはかえって用心しなくてはならぬことに思い至るであろう。晴れた日には雨具の心配をし、嵐の中にあっては、台風一過の日のことを考える。そういう想像力があるか、ないか、が人間と動物の異なるところ、動物でも買い動物は、治にいて乱を忘れないかもしれない。

三つ児の魂百まで

売り家と唐様《からよう》で書く三代目

もそうであったが、ことわざにはよく〝三〟が出てくる。ことわざはよほど〝三〟が好きらしい。

阿呆《あほう》の三杯汁

四杯でもいいのに、やはり三杯でないとサマにならない。

朝起きは三文《もん》の徳

なぜ二文ではいけないのか、と言われても困る。

仏の顔も三度

一度や二度なら我慢もできる。三度となると……。

粉糠《こぬか》三合持ったら養子に行くな

一合や二合しかないなら、しかたがないから養子へ行くか、ということではない。養子なんか、よほどのことがないかぎり行くものではない。

三つ児の魂百まで

小さいときに身につけたものは死ぬまでなくならない。幼いときの性質は、一生変わらないというわけだ。

注意してみると、同じ〝三〟がふた色に使われていることがわかる。〝粉糠三合……〟や〝三つ児の魂……〟では、三は〝すこし〟という小さい数の代表として使われている。三合でもあればとは、すこしでもあればの意味である。ところが、〝阿呆の三杯汁〟や〝仏の顔も三度〟では逆になる。三杯はすくないのではなくて、多いのだ。一杯や二杯ではなくて、三杯も、ということになる。仏の顔なら拝みたいが、あまりたびたびでは恐縮する。

同じ〝三〟が、ときには多いことになり、ときにはまた、すくない意味になる。まことに融通無碍《ゆうずうむげ》なところがおもしろい。

古くは〝三〟が特別な数と感じられていたらしいことは〝三べんまわってワン

と言え〟といったまじないのようなことばとして、いまも残っている。おとぎ話には三回のくりかえしがよく出てくる。

桃太郎《ももたろう》はサルとキジとイヌにそれぞれキビダンゴをやる。同じことを三回くりかえす。

シェイクスピアの『ヴェニスの商人』に、函《はこ》えらびの有名なシーンがある。三つの函の中から正しいのを選び当てた男性がポーシャのおむこさんになるという趣向。このためにこの芝居は、どことなくおとぎ話の雰囲気をただよわせる。

同じことはやはりシェイクスピアの芝居『リヤ王』にも見られる。老王リヤは隠居を考えて、三人の娘に国を三分して与えようとする。そして上の姉からひとりひとり国譲りをして行く。三回くりかえされることによって筋が童話風になっているのが感じられる。

一度だけしかないことは偶発であるかもしれない。二度同じことがおこると、オヤと思うであろうが、それでもなお、特別な意味はない。それでも、いくらかは注意をひかれる。

二度あることは三度ある

ということわざがあるように、三度おこるのを予期している。そして、三度くりかえされると、それは二度より一回多いというだけではなく、まったく新しい意味をおびるようになる。つまり、様式として確立するのである。パターンになる。儀式的意味を担う。そうして、〝三〟という数がどこか神秘めいた連想を引きずることになる。

ところで、〝三つ児の魂……〟だが、ここには教育論がふくまれている。教育についての議論になると、たいていは学校のことばかり。いちばん強い関心が向けられているのはどうやら大学、ことに大学入試らしい。三月になると週刊誌は入試合格者高校別一覧を発表する。教育とは学校であり、学校とは大学であり、大学と言えば入試である、と思っているらしい。世間がそう思っているから、マスコミはそれに迎合するのである。

いつから大学に目の色を変えるようになったのか。そんなに古いことではない。いまから六十年前、戦争直後には、大学のことなど考える人はすくなかった。大学もあったし、大学生もいたが、脚光を浴びてはいなかったのである。田舎の町なら、大学まで行くのは何年にひとりあるかなしかであった。

それが、新制の大学ができてしばらくすると変化がおこった。農家の子女が競って大学へ入るようになった。親たちは、大学はおろか、中等教育さえ受けていない。大学という名に興奮した。やがて、自身大学を出た親たちの子も大学へ行くようになった。無学な親たちとは違って、もう興奮しないだろうと思うと、それがそうではない。受験生そっちのけで教育パパ、教育ママは入試を人生の大事と考えて、受験戦争といったことばにわけもなく胸を騒がす。

これを教育社会だとか、高学歴社会だとか言って喜んでいる向きがあるが、すこし見当が違っていはしないか。教育を就職案内くらいに考えている人もある。だから就職が悪くなるとたんに入学志願者がへる。

いったいに教育はサラリーマンになるために、お金をもうけるために受けるものではない。人間を育てるのが教育だろう。だとすれば、もっとも効果的なのはいつか、が問題になって当然である。

鉄は熱いうちに打て

冷めてからでは打ってもそのかいがない、ということだ。好機をのがしてはいけない。教育においても、〝熱いうち〟にすべきことが実にたくさんある。

〝熱いうち〟とは、知れたこと、小さいときである。大学でないことははっきりしている。高校、中学でもない。小学校でも遅い。幼稚園でもすでに遅い。生れてからの数年がいちばん〝熱い〟。大学ではもう熱いどころか冷えた鉄になっている。そんなものをたたいてみたところで、どうにもなるものではない。カチンカチンと音をたててはねかえす。本当の教育ができないから、就職目当てのことくらいでお茶をにごす。

鉄を熱いうちに打ちたいと思っても、幼い子を教えてくれるところがない。保育所は預ってはくれるが、教育はしない。だれがするのか。

母親である。母親は先生なのだ。それも子にとって、もっとも大切な先生になる。このことを、知恵のある母親ですらほとんど自覚しない。世の中がみんな上を向いて教育を考えているからであろう。みどり児のときは幼稚園えらびに狂奔し、幼稚園では小学校、小学校は中学、中学は高校、そして大学。脚下を照顧することを忘れている。

お母さん先生は生れたばかりのわが子に何を教えるのか。まず、ことば。

ことばなんか放っておいても覚えるものと考えている人がすくなくないのは不思

議だ。お母さんはまず母国語の先生にならなくてはいけないのだが、教え方を知っていると胸を張れる人はまずないと言ってよい。

ここでは母親教育についてくわしくのべている余裕はないが、ことばがいい加減になれば一生ひびくであろうことは覚悟しておかなくてはならない。三つ児の魂は母親の膝の上でつくられる。がんぜない子に精神教育などできるわけがないが、ことばを教えているうちに、おのずから心も育てられる。三つ児の魂は、ことばによって形づくられると考えてよい。

三つ児の魂を、もって生れた性格のように考える人もあるが、それは当らない。一卵性双生児はまったく同じ条件で生れてくるのに、別々に育てると違った性格になる。三つ児の魂は後天的、つまり教育の成果である。

土地土地の方言が何百年もの間失われないできているのも、母親がごく自然にこどもに話しているうちに伝承されてきたためである。海岸の荒っぽいことばを使う人たちには、山のことばを使う人たちとは違った共通の特性のようなものがある。土地の気質《かたぎ》をつくっているひとつの要因は方言である。その方言を教えるのが母親先生だ。方言を軽蔑したり、バカにしたりするのは、明治以後の悪風である。こころは主として方言によって親から子に伝わる。

方言は一生完全には抜けない。忘れたと思っていても、とっさにふいと飛び出す。年をとっても、いや、かえって、年をとると余計に〝おふくろの味〟が恋しくなる。幼いときにおいしいと思って味わったものは、いつまでもおいしい。その人の味覚の基調になっている。

ものの感じ方、考え方についても、〝おふくろの味〟のようなことが言えそうで、だからこそ、〝三つ児の魂百まで〟ということわざがあるのだろう。

かつては、

三つ児の魂八十まで

とか、

三つ児の根性八十まで

とも言った。寿命がのびたから八十が百になったのではない。百までの方が死ぬまでの意味がよく出る。

雀《すずめ》百まで踊り忘れぬ

三十六計逃げるに如かず

昔の日本の軍隊は捕虜になることを許さなかった。生きて捕われの身になる辱しめを受けるなと教えた。許さなくても、しかたなく捕虜になるものがでる。そうすると、まるでたいへん悪いことをしたように見る。帰ってからも一生日陰ものの生活を送らなくてはならない。

好きで行った戦争ではない。まして好きでなった捕虜ではない。不可抗力である。それなのに軍人の恥のように扱う。世間も白い目で見る。そんなことにならないように、いざとなったら自決せよと命じていた。花は桜木、人は武士。最後の散りぎわが大切だ。おめおめと生きて恥辱を受けるくらいなら死ね。

ずいぶん非人間的なことだと思うが、戦争そのものが非人間的なのだから、それを言ってみてもしかたがない。教育というのがこれほどまでおそろしい力をもつものかとつくづく感心させられる。死ね、死ねと教えられていると、死ぬものだと思い込《こ》むようになる。

さきの戦争で多くの将兵が莞爾《かんじ》として死についた。無念であったであろう。平和ないまの世に、国のために命をすてた人たちのことを軽々しく口にすることは慎まなくてはならないが、死ね、と教えられていなければ、死なずに捕虜になって生きた人もすくなくなかったのではないか。

戦争が終って、向うの戦争映画を見ると、実にあっさり捕虜になる。われわれは捕われたらどんなひどいことをされるかしれないと教えられていたが、そんなこともない。捕虜のとり扱いについてのジュネーヴ条約とかの国際法があって、虐待はもちろん、不当なことも禁じられているのである。

そういうことを知らなかった日本の将兵は、捕われるより死のうと思った。敵の捕虜を見ると、これについつらく当ることがあったのであろう。戦後、方々で戦犯としてその罪を問われた。

われわれは勝つことばかり考える。負けることの難しさを知らない。案外、本当の勇気に欠けているのかもしれない。

事故がおきる。犠牲者が出る。世間は、責任はどうする、といきまく。最高責任者をひっぱり出して、つるし上げのようなことをする。感情的な罵言を浴びせる。

何とか善後の措置をとるように、二度とこういうことのないように努力します、と責任者が平身低頭、陳謝するのだが、承知しない。そんなことで責任をとったことになるのか、とつめよる。一種のリンチだ。

それで、気の弱い人間はたえられなくなって、社長をやめます、総裁をおります、と言う。それでやっと世間は納得する。

戦争へ行ったら、捕虜になるな、辱しめを受けるくらいなら死ね。そういうことを命じた旧陸軍が非人間的であるのは許せないと言う同じ人たちが、平時において、それにきわめてよく似たことをして平気でいる。それでおかしいとも思わない。

後始末をするのは苦しいことだ。白い目で見られるのはつらい。しかし、そんなことではいけない。辞職しろ、と言う。自決奨励の思想である。ふみとどまって責任を果そうと言うと、ポストに未練があるのか、とやられる。特攻精神は桜の花とともにいまも生きているのか。

人間には失敗がつきものだ。しくじったら改めればいい。悪かったら、あやまるほかに手がない。あやまっても許してくれない相手なら、しかたがないから、逃げる。

逃げては卑怯《ひきよう》だ、逃げるな、としつけられてきた。逃げたくない。ダメだとわかっていても、当たって砕ける方を選ぼうとする。本当の勇気がない。勇気ばかりではなく、知恵もないのである。

退却は攻めるよりも頭がいる。たいていの敗北は、進みあって退くを知らない蛮《ばん》勇《ゆう》が原因である。悪いとなったら、深追いは避ける。そこでいろいろはかりごとをめぐらしても、いい策が浮んでくるわけがない。逃げるのもはかりごとのうちである。そればかりではない。もっとも上策である。それを、

三十六計逃げるに如《し》かず

というのである。

玉砕を喜ぶ国民性がすべてではないことは、こういうことわざを愛用してきたことでもわかる。建前ではなくて、本音を吐くところがことわざの身上である。文章などを書くときは、出処進退を明確にすべし、などと言っている人間が、親しい友

人に窮状を訴えられると、なに、三十六計逃げるに如かずさ、などと言う。ことわざはふだん着の知恵というわけだ。

近代の文化は、書物中心に発達した。本を書く人、それを読む人は、どちらかというとエリートが多かった。狭い範囲でしか世間との接触がない。書巻の気というのは観念的ということで、生きることの生々しさがない。それを高尚なことのように考えてきた。

このごろはすこし事情が変わってきたようだが、われわれのように戦前、戦中に教育を受けた世代は学校でことわざのことを一度も習わなかった。国語の教科書にも故事は出てきたが、ことわざはない。先生の口からもきいた覚えがない。学校教育とことわざは別々の世界にあった。

それで学校を出てから、ことわざの価値を発見しておどろくことになる。学校で学んだことはほんのすこししか役に立たないのに、だれも教えてくれなかったことわざが、一々身にしみるではないか。それまで見向きもしなかっただけに、その気になってみると、新鮮ですらある。

世間はなかなか正直なものだと思うのは、学校では相手にしないことわざに、ずいぶん人気があることだ。いま、この机のまわりに、たくさんのことわざ辞典の類があるけれども、奥付を見ると、どれも、ずいぶん版を重ねている。ロングセラーである。そのことを話題にする人もないが、いまはとくにことわざの注目される時代なのであろうか。それともいつもこうなのか。

三十六計逃げるに如かず

いかにも調子がいい。さっさと逃げ出すときのリズムが伝わってくるように感じられる。ことわざは、おしゃれである。野暮な身なりはしない。語呂《ごろ》が悪かったら、ことわざにはしてもらえない。内容が切実でなければ問題にならないのはわかっている。しかし、いくら内容がよくても、表現が拙劣ではたちまち落第する。外国の、ずいぶん調子のよくないことわざをみると、おかしくなる。

学問の本などを見ると、これが日本語かと思う。いずれりっぱなことが書いてあるに違いないが、いかにも難解である。難しくてもわかればいいが、結局、わからないという高級論文がいまだにある。そういうものをわかろうとして、頭を使うより、〝三十六計……〟である。中身が高尚なら身なりはどうでもいい。身なりにこだわるのは内容が悪いからだろう。そういう野暮天が多いところでは、ことわざは、調子のよさ故に低俗だと考えやすい。

ことわざを語呂のよさから考える人はすくない。そこで、いろはがるたにあることわざについて調子を調べてみる。いうまでもないが、いろはがるたは、ことわざ撰集のようなもので、昔は江戸かるた、大坂かるた、京都かるた、と三つあった。

犬も歩けば棒にあたる　（七―五）

これは七音と五音だから、七五調だが、京都のかるたの「い」は、

一寸《いっすん》さきは闇　（七―二）

になっている。

花より団子《だんご》　（四―三）
骨折り損のくたびれもうけ　（七―七）
律義《りちぎ》者《もの》のこだくさん　（六―五）
よしのずいから天のぞく　（七―五）
総領の甚六《じんろく》　（六―四）
楽あれば苦あり　（五―三）

鬼に金棒　　　　　　　　（三―四）
知らぬが仏　　　　　　　（四―三）
餅は餅屋　　　　　　　　（三―三）

こうして見ると、ほとんどあらゆる語呂が活用されていることがわかる。

日本語の調子というと、七五調、五七調くらいしかないように思っている人がすくなくないが、それは書いたことばばかりを見ているからである。人口に膾炙《かいしゃ》したことわざは、人の頭の中に生きる。調子が悪くては、頭に入らない。入ってもじき消える。頭の中で生きるには、調子はきわめて大切である。いろはがるたにしても、全部七五調では単調でおもしろくない。四―三、七―七、六―五、六―四とさまざまなリズムが奏でられていて、変化がある。

そういうところにも庶民の知恵がひそんでいる。字数だけではなく、数字のおもしろさを出したものもある。

一押《おし》二金《かね》三男

女性をくどくには男前などはたいしたことはない。まず押しのつよさ。〝色男、金と力はなかりけり〟ではお話にならない。次にくるのが金。そして、やっと男前ということになる。それを一、二、三と並べるから調子が出る。

モモクリ三年カキ八年ユズの大バカ十三年

これはそれぞれの実のなるまでの年数を言ったもので、園芸学の知識もこういう形で表現すれば忘れることはない。ユズ十三年では語呂がわるい。なにをぐずぐずしているんだろう、この間抜けめ、という心をこめて、〝ユズの大バカ十三年〟とやる。軽快である。それがことわざのおもしろさを支える。

日本語のリズムはことわざの中に脈々として生きつづけている。それを下世話なものとしてバカにしてきた人間は本当に賢かったのであろうか。

便りのないのはよい便り

筆不精というのは昔からあった。書かなくてはいけない手紙を書かないで放っておくのが筆不精である。筆まめは、その反対。

いまは、筆不精ということばの影が薄くなってきた。というのも、電話が普及して、手紙を書かないのが目立たなくなったからである。かつてだと、手紙をやってもナシのつぶて、生きているのか、死んだのかわからない、本当にあいつは筆不精でしようがないな、と言われたものだ。

このごろだと、手紙を書いてきたことに、電話で応える。急ぐと思って、電話にしたと言えば、きこえも悪くない。

手紙できた用件には手紙で応じるのが常識だろうが、そんなことはどうでもいいのが当世だ。

こちらから何回手紙やはがきを出しても、一度も返事を書かないのがいる。それが愛すべき人間だから困る。どうして、返事を書かないのか。字を書くのが嫌いなのだろうか。嫌いではなくても、字が下手だから、みっともないと勝手に恥じている。人さまに見せられる字ではないと思い込む。それで電話で応じる。

日本人には自分の字を恥じている人間が意外に多い。人に見せる字を書きたがらない。サインなんか、いや、とおっしゃる。女性に多い。

パーティに行くとサイン帳が受付においてある。署名して会費を払って入るようになっている。そういうところで、たじろぐ人がちょいちょいある。若い人だと、いやだな、などと言う。ところが、結婚披露宴だと、年輩の女性も来る。サイン帳の前でひるむ。心をこめて書く。時間がかかる。列ができる。そうなると、よけいに書きづらい。

夫婦づれで来る奥さんは、ご主人をつついて、いっしょに書いておいて、と頼む。なれているのだろう、ご主人が二人分の署名をする。こういうことが度重なると、奥さんは発心して習字をはじめる。

筆不精も多くは字が下手だからという理由による。女性の間に習字をする人がふえたのは、ひとつにはサイン帳を出すようになった戦後の結婚披露などの慣習のためである。

手紙を書くのは面倒だが、貰うのは楽しいものだ。思いがけない人から久々の手紙が来て、近況を伝えてある。それはよかったと思う。終りのところに、名産の何々を別便で送ったから食べてみてください、などとあると、心がわくわくする。

やがて小包が届く。おいしい。さっそく礼状を書く、となるといいのだが、それがなかなか、〝とりあえずお礼まで〟ということにならない。一日のばしになる。そうすると、ますます書きにくい。これでは礼状負けである。

あまりふかく考えないで、とにかく、着いたことを早く知らせないと、送り主は心配する。親しい間なら、はがきでありがとうでよいが、できれば封書にしたい。すこし改まった礼状なら、封書ときまったものである。心をこめたかったら、毛筆で巻紙に書く。貰った人がひどく喜ぶ。

手紙は生活のアクセサリーである。用事なら電話で足りる。わざわざ手紙を書く必要がどこにあるか、と言う人がふえたが、手紙には何とも言えない雅趣がある。

必要がないときに書く手紙こそ、便りらしい便りである。

たいして親しくもない人が、用もないのに電話などかけてくれれば迷惑する。トイレへ入っていても飛び出さなくてはならない。そうして、別に用事はありませんが、ちょっとお話ししたくて、などとやられたらどうだ。

それに比べて手紙は実に控え目である。着いても、読んでもらうのをじっと待っているのがいじらしい。けたたましいベルを鳴らしたりはしない。

私は逗子に住むおばあさんと手紙友だちである。ときどき手紙やはがきが来る。こちらもそれに返事を出す。いつの間にか親しくなった。

あるとき、旧式の官製はがきに切手を何枚も貼ったのが来た。文面を読んでみると、きょうは五四三二一と数字が揃《そろ》う昭和五十四年三月二十一日です。これだけ切手を貼り増しておけば、ひとつくらいきれいなスタンプがおされるでしょう。それをお目にかけたくて、このはがきはわざと古いものにしました、とある。

こういうことは電話ではできない。こういう手紙友だちが、ほかにも何人かいる。うちにいる日に郵便が来ると、そういう手紙がまじっていないかと思う。手紙ほど楽しいものはない。

世の中ではそう考えないらしく、このごろ手紙は減る一方だという。これではいけないというので、昭和五十四年の三月から郵政省がキャンペーンをはじめた。毎月二十三日を「ふみの日」ときめて、大いに書いてもらおうというのである。これで手紙人口がふえるかどうかわからないが、とにかく手紙の奨励は悪いことではない。

「オヤジバンザイカネオクレ」

東京の学校にいる学生が国元の親へ電報を送った。オヤジさんが歎《なげ》いた。勉強したいというから、東京のえらい学校へ入れてあるのに、何ということだ。まだカタ仮名しか書けないのか……。

ふだんは決して便りをしない息子が、金に困ると、手紙を書く。それが面倒なら、昔は電報、いまは電話。金のある間は黙っている。無事なときには、うんともすんとも言ってこない。心配になって、様子を見にきてみると、何とかやっている。ひとまず安心。ところが、思いがけないときに手紙が来る。やれ、珍しやと思って開いてみると、仕送り外の送金依頼や、やっかいな頼みごとなどが書いてある。たまに、手紙を書けばこれだから、いやになってしまう、と親はこぼす。

こういうことが何度も重なると、息子の手紙というだけで用心するようになる。また何か面倒なことを言ってきたのだろう。金はこの間送ったばかりなのに、いったい何だろう、と見る前から親は胸騒ぎを覚える。そういう経験をした人なら、

便りのないのはよい便り

に共鳴するだろう。これは国産ではなくて英語から入ってきたものだ。

No news is good news.

中学生の英語だと、よい便りはひとつもない、と誤解しないともかぎらないが、これは"No news"="good news"ということを言ったもの。さらにもとをたずねると、イタリア語のことわざに到達する。

人騒がせな手紙はなるべく出さない方がよいが、そうばかりも言っておられない。病気とか災難を知らせてくれば受取人も心配する。何も言ってこないのは無事に暮しているのだろう、そう考えたいときに、〝便りのないのはよい便り〟を思い浮べる。

楽しい手紙ならいくら貰ってもいい。やっかいなことを言ってくる手紙はありがたくない。なるべくなら、来ない方がいい。〝さわらぬ神にたたりなし〟ではない

が、なるべくそっとしてかかわりがないことを願う。それでは気がひけるところから、〝便りのないのはよい便り〟などという文句を使って、自分の心を安めようとする。

これをもってしても、手紙とは、異常を伝える手段であったことがわかる。用もないのに、すくなくとも書き手にとって用のない手紙はあまり書かれない。書く以上、何か用件がある。それは書き手の都合である。受取人の都合ではないことが多い。そういう読んで気の重くなるような手紙ならごめんこうむりたい。電話以上にあとに残る。電話は消えるが、手紙は何度も読みかえせる。いちばんうれしいのは、ほめられている手紙。これなら何度くりかえして読んでも味は変わらない。

貧乏神のような人があるものだ。電話がかかってくると、本能的に身構える。何だろう。出てみると、案の定、ろくでもないことだ。そういう人が手紙をよこすと、一瞬、心を暗くする。こういう便りなら、ない方が平安である。

昔の人はよく封筒の上に〝平信〟と書いた。これは、別に用件があってのことではありません。時候のあいさつ、あるいは近況を知らせる便りです、という意味である。貰う側からすれば、こういう手紙はありがたい。手紙らしい手紙は来ない方が安全だ。

このあたりに、手紙を出す方と貰う方の違いがある。出すのは思い余ったこと、困ったことがあるからで、自己中心的になる。それは受取人からすればありがた迷惑、あるいは、物騒なことである。なるべくなら、ない方がよい。

〝便りのないのはよい便り〟は、郵便がすくない時代、あるいは、費用のかかる時代におこったことわざである。みんながさかんに平信を出し合うようになると、意味を失う。むしろ、逆に、いつも手紙をよこす人がぱったり音信が絶えた。何かおこったのではないか、と心配してもよい。

このごろまた、昔に逆もどりしたのかもしれない。すくなくとも、めったに手紙を書かない点では似ていないこともない。

そういうときに思いがけなく手紙が来れば、何ごとかとおどろく。読んでみれば、なるほどただごとではない。日ごろはまるで便りなどしてこないが、こんなことなら、便りのない方がよほどよい。

というわけで、世の中が変わったために、新しく意味をもつようになってきたと思われるのが、この〝便りのないのはよい便り〟である。

人の噂も七十五日

腹を立てたときに書いた手紙は、ひと晩寝させてから出せ。あくる朝になれば、書きなおしたくなる。二、三日たてば出すのをやめてしまう。そういう〝教訓〟を与えているアメリカの本を読んで、なるほどと思った。

気が変わる、という。それには時間がかかる。どんなに自制心の強い人でも、腹が立つのを抑えるのは難しい。しかし、また、いくら執念深い人でも、十日も二十日も同じことで同じように腹を立てている人もない。たいていのことなら、数日たてばケロリと忘れる。

気が変わるのは、気分が自分で変わって行くのではなく、時間が変えるのである。時は、しばしばおどろくほど大きなことをなしとげる。

と言っても、悪いことはしないのが「時」氏の特色で、たいへん平和的である。A氏とB氏が気まずいことになったとしよう。C氏が心配して、仲をとりもとうとしてあっせんするが、へたをすると、かえって溝を深くしてしまうこともないとは言えない。もしC氏が賢明なら、ただちに、AやBの所へ飛んで行かないで、「時」氏に相談をするであろう。「時」氏は、

「しばらくほとぼりをさましましょうや」

と言う。冷却期間をおいてから動けば、C氏はA氏、B氏の不和をときほぐすことができる。

〃チリも積もれば山となる〃にしても、「時」氏の働きを物語る。チリはそのままでは決して山なんかにならない。チリはチリである。ところが「時」氏が出動すると、チリはだんだん積もってチリでなくなる。

点滴《てんてき》石をうがつ

雨だれが石をへこませたりできるわけがない。しかし、何十年、何百年もの間、「時」氏が協力すれば、水滴が岩をへこませることができる。雨だれだけの力ではない。時間の働きがある。しかし、人間は、しばしば「時」氏の存在を忘れる。そ

れで間違う。水滴なんかに何ができるか。石をうがつ？　とんでもない。水に石をけずれるわけがない――などと考えるのは、「時」氏の力を知らないからである。

昔の人は、ことわざでそれに注意している。

待てば海路の日和《ひより》あり

これは「時」氏を主人の座にすえて、そのご機嫌をうかがっている。じっと、「時」氏の調子がよくなるのを待つ。無理をしては、できることまでこわれてしまう。とにかく待て、と教える。〝好機逸すべからず〟は、まるで反対のことを言っているようだが、決してそうではない。

もし「時」氏のご機嫌がいいのなら、チャンスである。〝そのうち〟などと言っていれば、いつ風向きが変わるかしれない。いますぐかからなくてはいけない。「時」氏の協力が得られるかどうかがきわめて大切であると見る。どちらもまったく同じである。「時」氏は表面に顔を出さないから、うっかりしていると本当の実力者を見落としてしまう。

鳴かざれば鳴くまで待とうほととぎす

というのは、徹底的に、「時」氏待ちを表明したものである。鳴かないはとときすを人間がいかにやきもきしてみても、鳴かせることはできない相談だ。しかし、ほととぎすはかならず鳴く。待てば鳴くのである。〝急《せ》いてはことを仕損ずる〟。それで、

果報は寝て待て

ということにもなる。あせってはいけない。起きていると、何かしたくなる。いっそのこと寝てしまった方がいい。以前、〝待ち〟の政治をモットーにして長期政権の維持に成功した政治家があったが、やはり「時」氏との付き合いを知っていたのであろう。こういうことは学校で教えてくれないが、ことわざはなに食わぬ顔して教える。

「時」氏は平和主義者である。まあまあと、じっくり時間をかけて、なだめる。ことを荒立てることはしない。

愛するものとの別れ。たとえ犬や猫でも、たえられない悲しみをともなうものだ。どうしてよいかわからない。ましてや、肉親を失ったりすれば、この世は終りかと思われる。とても生きては行かれない。こんな苦しみにたえるくらいなら、いっそのこと、と早まって、とんでもないことを考える人がいる。

そういうときも、「時」氏は、鎮痛剤をもって訪れる。頓服薬ではないから、呑《の》んですぐきくというわけには行かないが、すこしずつだが効果は着実にあらわれる。薄皮をひと皮ひと皮はぐように、悲しみも落着く。そしていつとはなしに、死ぬかと思われた苦しみから脱している。「時」は妙薬でもある。

不幸な事件がおこった。マスコミが天下の大事として報道する。だれ知らぬものもなくなってしまう。当事者は世間の白い目をのがれることができない。一生、こういう情ない生活をして行かなくてはならないのかと絶望する。

もし、「時」氏が出動しなければそうなるかもしれない。「時」氏は実に公平で、いついかなるときも飛んできて、燃えさかる「噂」の火を消しにかかる。消防自動車とは違う。一挙に消火しようとはしない。そんなことをすればかえって逆効果であることも知っている。ゆっくりすこしずつ下火にする。ふた月もたつと、ほぼ消える。

人の噂も七十五日

は、そういう「時」氏の消火作業をたたえたことわざである。どんなにひどい噂でも、ふた月半もすれば、忘れられる。それまで、じっとがまんしなさい。「時」氏は、そっと、そうささやいているのだ。
もっとも、そうとばかりことのはこばない場合もある。

人の噂は倍になる

ということわざもある。はじめは何でもないことが、「時」の手で尾ひれがついて、とんでもないものに化けることがないとは言えない。ことわざは人間と違って、〝くさいものにフタ〟をして、都合の悪いことはすべて棚に上げるようなことはしない。一方的にならない。

もっとも、このことわざは、噂は人の口から口へ伝わっていくうちに尾ひれがついて大きくなる、という意味で、かならずしも「時」氏だけのことではない。ほんの小さな火が、風にあおられて、火の手があがることもすくなくない。

コトがおこる。人々が噂にする。尾ひれがつく。〝針ほどのことを棒ほどに言う〟のが人間の性《さが》。真実だけではもの足りない。拡大してほかの人にリレーする。受けた人が、自分にも出番がほしい、というので、新しい尾ひれをつける。こういうことをくりかえしていると、とんでもないデマに化ける。モンテーニュというフランスの大賢人は、人から聞いた話をそのまま別の人に伝えるのは申しわけがない、いくらかおまけ、利子をつける、と言っている。

それを見ていて、噂にあげつらわれている人たち、噂の被害者たちは、これはたまらないと思うだろう。この勢いで噂が広がって行ったらどうなるかしれない、と心配する。

その心配は取越し苦労である。噂はひとしきり広まり、ふくらんで化けたりするけれども、やがてピークを迎える。そうするとこんどは「時」氏がお出ましになって、すこしずつ、下火になる。

しかし、さきにも述べたように急速に消えるのではない。ゆるやかに消えて行く。人の口にのぼるようになってから、七十五日くらいかかるというのである。「時」氏の消火作業はひまはかかるが、確実である。

「時」はすべてのものを一様に消去しようとしているように思われる。海の波のようだと考えることもできる。海辺の砂浜に書かれた文字は、どんなに大きく深くても、潮が満ちてきて、波が打ち寄せると、すこしずつ消されて、やがてあとかたもなくなってしまう。それは〝人の噂〟にかぎらない。

「この悲劇は二度とくりかえしてはならない」と、悲劇に苦しめられた人たちが口々にそう叫ぶ。そのことばは強い響きをもっている。「われわれは永久にこれを忘れまい」と誓い合うが、それも「時」氏のおこす風化をまぬがれることはできない。七十五日よりすこしは長くかかるかもしれないが、やがて、だれからも忘れられてしまう。そしてあるとき、また、新しく同じような悲劇がくりかえされ、歴史はくりかえす、という歎《なげ》きになる。

もっとも、「時」氏が消そうとしてもとうとう消し切れないで残るものも、ごく少数ながら、ないことはない。その代表格が、ことわざ群である。

ことわざのひとつひとつは、はじめだれがどこで言い出したのかわからない。しばらくすれば消えてなくなるはずである。ところが「時」氏の消去作業をくぐり抜けて、永いいのちをもつのがことわざである。

文学作品についても同じことがおこる。おびただしい作品があらわれては、やがて消えて行く。すべてが残ったら、作品の洪水になって、後世の人間は息もつけなくなってしまう。「時」氏のふるいにかけられて、大部分のものは忘却の淵に沈んで行く。そのふるいに残って、次の時代へ伝えられ、さらにその時代のふるいにも残って、さらに次の時代へ伝承されるものが例外的にある。

それが古典である。

七十五日たっても消えないのは噂の〝古典〟である。その時代の歴史はそういう古典的な噂でできて行くのである。

〝人の噂も七十五日〟に当る英語のことわざは、

九日間のおどろき

(A nine days' wonder.)

である。だからといって、日本の「時」氏に比べて、イギリスのタイム氏が短気でないことははっきりしている。こういうときの数字にこだわるのは幼稚である。

餅は乞食に焼かせろ

ある家のお嫁さんが魚を焼くと、いつも手際がよくない。焼網に身がくっついて、形がくずれてしまう。おしゅうとさんはそれが不満だが、へたに口を出しては角が立つからがまんしている。

どうして、きれいに焼けないのか。おしゅうとさんは男だが、大体の見当はついている。早く返しすぎるのだ。いつかそれとなく言ってみたことがあるが、結果は同じだった。くせみたいなものがあって、ちょっと注意されたくらいでは、変えられるものではない。それで、おじいさんはあきらめた。

あるとき、友人がおじいさんを訪ねてきた。久しぶりだからいっぱいやろうということになったが、ごちそうに焼き魚がある。例によって、満身きずだらけの焼き魚である。

おじいさん、友人の手前、はずかしくなって、「どうも魚の焼き方というのは難しいものだね」とお愛想を言った。すると、その友人のいうには、いや、うちの嫁はひどい。餅を焼かせるとこがしてばかり。焼き餅の焼き方があまり上手ではない。もっと手早くひっくりかえすんだと言ったら、嫁は当分、口をきかなかった。年寄りはめったなことを言うものじゃないと思った、というような話をした。

そこへもうひとり、共通の知り合いがやってきた。ふたりがいまこういう話をしていたところだと話すと、第三の男は、「いいことわざがある」と言って、

餅は乞食《こじき》に焼かせろ、魚は大名（殿様）に焼かせろ

を紹介した。ふたりの老人はすっかり感心して、こんどうちの嫁に教えてやろうと言った。

餅をこがさぬようにするには、度々ひっくりかえさなくてはいけない。乞食は腹がへっているから、じっとしていられなくて、たえず手を出す。それがいいのだ。焼き魚はその反対。度々ひっくりかえすと、くずれてしまうから、よく焼けるまでそっとしておく必要がある。乞食にはそんな芸当はできない。食べものに鷹揚な大

名、殿様なら放っておけるから適任だ、というのである。

両家のお嫁さんは、そういうことを知らなかった。年寄りから注意されても、たいして気にとめなかった。「うちの年寄りの例の小言」とき流していたのである。

ところが、ことわざになっているときけば、だいぶ感じが違《ちが》う。心にしみる。魚を焼き、餅を焼くにもルールがあるのだと知ることは、世間の知恵に対して謙虚な気持にもなる。

われわれは何か失敗をしたとき、直接それを叱られても、素直に服しがたい。そういう習性がある。あるいは反発する。言いわけをしたくなる。

ところが、もうすこし一般的な言い方として言われると、それほど反抗的にならなくてすむようだ。ことわざで教えるのには、そういう効用がある。人間には、身近なものにさからい、遠いものには寛容であるという心理がある。具体的よりも一般的なことばの方が承認しやすい、といった気持もある。

「そんなにあせってはいけないじゃないか」

と言うと、それは個人的判断であって、感情的な響きをもっている。よけいなお世話だという反応をおこしかねない。そこを、

「急《せ》いては事を仕損ずる、だからね」

とやると、いくらか個人的でなくなる。それだけ普遍性が高まるように思われて、耳に入りやすい。

ある家庭で、ご主人が、外でためになることをきいてくる。晩の食卓でみんなに披露した。それは、同じ果物を食べるのなら朝のうちがいちばん栄養になる。夜よりずっと体によい、というのである。きき終ったとたんに、家族のものが笑った。そんなことなら前に家族のものがやはりどこかからきいてきて、主人にもそうするようにすすめたのに、そのときは、そんなバカなことがあるものか、同じ果物なら、朝だろうが晩だろうが変わりのあるわけがない、そう言って一笑に付したではありませんか。よそできいてくると、急にありがたがって信じ込んで、おかしい。だいいち、うちで前に言われたことまで忘れるとは、家族を無視するもはなはだしい、といっせいに攻撃されて、主人は頭をかいた。

この主人にかぎらない。家族の言うことなんか、だれでもあまり信用しない。あまりに身近にいるからである。さほど親しくない人からきいたことは、すぐ本当のように思われる。

さらに、これが、

朝の果物は金、昼〔の果物〕は銀、夜〔の果物〕は銅

といったことわざになれば、信用度はいっそう高まるであろう。ことわざは、日常生活の中における知恵を一般的な形にして受け入れられやすくしようという配慮の結晶である。

〝餅は乞食に焼かせろ〟というのは、具体的なハウツーを教えたことわざであって、大まかな道徳を示したものとはひと味違う。ロクに学校や本のない時代には、ことわざがその代用をしていたのであろう。そのつもりになって拾えば、こういう実用知識を伝えることわざはいくらでもある。

朝霧は雨、夕霧は晴れ
朝焼けは雨、夕焼けは晴れ
暑さ寒さも彼岸まで
モモクリ三年カキ八年
ウリのつるにはナスビはならぬ

女房と味噌は古いほどよい
息のくさきは主《ぬし》知らず
太鼓の音さえたるは晴れ、にごるは雨
竹に花咲けば凶年
ことばは国の手形
富士山が笠をかぶれば雨
旱天の年に凶作なし

こういうことわざで、ことに天候に関するものが多いのは、昔の人の生活が天候、ことに明日の天気に左右されることが多かったことを物語っている。とりわけ漁民の間では、土地土地によっておびただしいことわざが残っていて、いまだに人々の指針となっている。

板子一枚下は地獄

という危険な生活をしている漁夫にとって、天候は命にかかわるもの。当り外れがあってはことだ。

現代は天気予報があって、一部はそういうことわざの代用をすることができるようになった。しかし、局地の天候の急変などについては、いまの気象学ではまだ充分対応できるとは言えない。やはり土地土地の、昔ながらの言い伝えやことわざの方が頼りになることがすくなくない。

ある文豪の日記を見ると、南の方に梅雨前線ができると、きまって、胃の調子が悪くなる。そういう因果関係を発見した気象学者がある。人間は案外なところで自然の変化を敏感に反応する。ある人たちの胃がおかしくなったら、梅雨前線ができているのではないかと一応疑ってみてもよい。それは決して非科学的なことではない。

戦争のころまで、晴雨計、湿度計には、女性の髪の毛が使われていた、という。近代科学も女性の髪の毛が湿度に対してもつ伸縮性に頼らざるを得なかったのがおもしろい。

われわれの肉体は、天然現象に順応して生きている。天候が崩れるときには、古傷がうずく。リューマチが痛む。

そういうことが度重なると、両者の間に法則性が認められるようになる。朝焼けをした日はあとでよく雨がふる。それで〝朝焼けは雨〟となる。夕焼けをしたあくる日はたいてい天気がいい。そこで〝夕焼けは晴れ〟となる。

これは過去の事例の統計的確率から法則を作り上げて、予測性をもたせる。ことわざは、ただ、過去においてこうであったというだけではない。これからもそうであろうという予言性をもっているから、社会的にも意味をもつのである。人間の心はなかなか変わるものではないから、昔の人のこしらえたことわざのきわめて多くのものが、現代においても、すこしも古くならず、そのまま有効である。

世の中が何から何までまるで変わってしまった。ことばだって、ひどい変わりようである。それでいてことわざは平気な顔をして生きつづけている。おどろくべきことである。

昭和のはじめに出た本の中で、いまも読まれているものがいくつあるか。数えるほどしかあるまい。昭和二十年前後、さかんに使われた、たとえば、

カラスブタイ、ヤミ、カイダシ

などといったことばは、いまではほとんどわけがわからなくなってしまった。カラスブタイというのは、木炭を山から背負ってくる人たちの群れのこと。炭塵でまっ

黒になるからカラスといった。ヤミとは公定価格を上まわる値段のこと。カイダシとは配給の食べものだけでは足りないから、産地まで出向いてヤミ値で買ってくること。消費者があわれな時代のことば。王様になったいまでは想像もつかない。だいいち木炭のあるうちなどなくなった。

それなのに、〝餅は乞食に焼かせろ、魚は大名に焼かせろ〟が生きているのはおもしろい。

ことわざは多く長生きである。

医者の不養生

教師が集まって話をしているが、何だか妙に声を落としている。どうしたのかと思って近づいて行くと、みんなサッと警戒する。しかし、こちらも同業だと知ると安心したらしい。

「実は、われわれ教師の子がどうしてこう揃いも揃って、成績が悪いのだろう、という話になったところですよ」

と、そのうちのひとりが解説してくれた。そうであったのか。当方だって、前々から不思議に思っている。前々どころではない。小学校のときからである。

クラスに同じ学校の先生の子がいた。先生の子だからできるだろうと、こども心に考えたが、これがすこしもできない。ほかにできないのならいくらでもいるが、先生の子ができないのは目立つ。けんかをすると、言われる。

「落第坊主のコンコンチキ、おやじに教わってそのざまか」

教師を親にもったからとて、とくに頭脳優秀である義理はない。へたに期待されては迷惑するだろう。このごろは、教師の社会的評価が落ちているから、その子ができようとできまいと、さほど興味も引かない。もっともかつて、過激派学生のはね上がりが騒がれたころ、ひどい暴行事件の主謀者たちが何人も教育者の子弟であったところ、それが話題になり、高くもない教師の信用をいっそう下げるということはあった。

それは例外である。たいていの先生の子ができなくても、いまはおどろかなくなっている。昔は小学校の先生は村の名士だった。すくなくとも最高の知識人である。知識があるのは頭がいいことだと田舎の人は考える。先生の奥さんもしばしば先生である。どちらも頭がいい。その間に生れる子どもの、神童のようであってもおかしくない。そう思っていると、ふた葉から芳《かんば》しくないから、何だ、ということになる。

PTAの顔役のお母さんがいる。あなたがいてくださらないと、うちの学校のP

TAはまとまりません、どうぞよろしく、などと先生から言われて、ご機嫌である。この女史は口八丁手八丁で、そのうち市会議員選挙に打って出る気があるのじゃないか、と陰口をきかれている。

ところが、世の中は皮肉なもので、お母さんの外の活躍が目立つようになるにつれて、かんじんな息子がぐれ出した。せっかくの奉仕もそれでだいぶ割引きされてしまう。〝頭の上の蠅《はえ》を追え〟。

何も知らないのんきな人は、経済学というのはお金もうけをする学問だと思っている。すくなくとも、損をする研究をするのではないと思っている。ところが、経済学者で大金持になったという話はあまりきかない。学者は理屈だけだから金もうけは無理としても、経済学を勉強して実業についた人たちは利殖に長けていてよい道理であるが、なかなかそうは問屋がおろさない。

経済学とは関係がないが、商品相場でひともうけしてみないか、とすすめに来るうろんなセールスマンがいる。絶対もうかる、などと言うから、からかいたくなる。君はどうしてそんなに赤の他人に親切なのか。その通りなら、他を誘ったりしないで、自分でひそかにもうけたらどうか、と言ってやると、返事に窮して退散する。

ああいう手合はカモをひっかけて甘い汁を吸おうとしているのだが、ご本人たちが本気になってもうけようとしても、たいていはうまく行くまい。相場師で大もうけするのは珍しいらしい。

いつか学校で印刷文化研究会といったものを作ろうと思い立った。まず、家庭が印刷関係の仕事をしている学生を調べて、呼び出した。こういうクラブを創設しようと思うが、君たちは縁が深いから関心があるのではないか、と思って集まってもらった。やってみないか……。

意外にも返事はどれも冷たかった。印刷業には魅力がないから学校へ来たんです。そんなことをすれば家業を押しつけられてしまいます。せっかくですが……というわけである。

かえってサラリーマンの家庭の学生の方が、おもしろそうだと目を輝かした。縁が深ければ関心もあるというわけには行かない。むしろ、かえって逆の関心になる。なるべく遠ざかろうとしている。それで世の中は循環、回転するのであろう。

たいていのこどもが一度は菓子屋になりたいと願うのではあるまいか。うちが菓子屋なら、好きなときに、好きなものを、好きなだけ食べられる。どんなにスバラシイだろうと空想する（もっともこのごろのこどもは、いささか菓子に食傷しているから、それほどのあこがれはもたないかもしれない。夢がひとつへったのだ。かわいそうなこどもたちよ）。

ところが、菓子屋の子は、すこしもおもしろくないと言う。菓子なんか食べたくもない。鼻についている。

そう言えば、天ぷらを揚げている職人に、天ぷらはうまいでしょう、いつも食事は天ぷら食べるんですか、などと言ったら笑われる。油っ気のない、さっぱりしたものがほしいと言う。家庭でも天ぷらを揚げた主婦は、自分では食べたくないと言って、お茶漬なんかかき込む。

〝商売ものには手を出すな〟と言う。菓子屋が売りものの菓子をパクついていてはサマにならない。天ぷら屋が、これはうめえや、とつまみ食いをしていては商売上がったりだ。しかし、よくしたもので、よほどの変わり者でないかぎり、出してみろと言われても、商売ものなんかに手を出す気にならないようになっている。

だから、自然、子は親の家業を継ぎたがらない。このごろはお医者の子が喜んで医者になりたがるというのは、どこかすこしおかしい。

家業は鼻についている。食傷したものに魅力のあるわけがない。そういうときに、ほかのうちのことを見れば何だっていいように見える。前に出た〝隣の花は赤い〟である。

教師の子は、こんな貧乏教師の生活はごめんだと言って、会社員になりたがる。ところが、会社員の息子は、サラリーマンは金のために一生あくせくと暮してバカバカしい。そこへ行くと教育は人を育てるおもしろさがある、というので教員志望になる。職業も天下のまわりもので、〝捨てる神あれば拾う神あり〟。

天ぷら屋の子がみんな菓子屋になるわけではない。やはり天ぷら屋になることもすくなくない。前にも言ったが、ことわざはやぶにらみではなく、ちゃんと両方が見える。家業を嫌うだけではなく、〝蛙の子は蛙〟というように、親と同じ道を歩む子のことも忘れてはいない。

口ではりっぱなことを言うくせに、実行のともなわないのは人間にもっとも多い欠点であるから、古来、それを言うことわざにはこと欠かない。

中でももっともよく使われるのが〝医者の不養生〟。患者には養生をすすめるが、自分は不養生をする。働きすぎてはいけません、ゆっくり休息することですな、などと人には説きながら、自分は息つくひまもなく働いて健康を害する、といった例はいくらでもある。

それを見た患者が、何だ、自分の面倒も見られないお医者にどうして他人の病気が治せるものかなどと言ってはいけない。自分の病気は防げなくとも、患者の病気は治せるのである。自分の不養生は避けられないお医者だが、貧乏な経済学者とは違って、お金もうけはうまいようだ。

そうなると、医者の子はやはり医者、というので家業を継ぎたがる子が続出するようになる。医学に関心があるのではなくて、医学的経済学に魅力を感じるのであろうか。そういうのを、医は仁術ではなくて算術だと町の人は皮肉る。

〝医者の不養生〟に類するものをあげてみる。

紺屋《こうや》の白ばかま
大工の掘立《ほったて》
人相見のわが身知らず
易者の身の上知らず

髪結の乱れ髪
カゴかきカゴに乗らず
坊主の不信心
算術者の不身代
桶《おけ》屋は籠《かご》で水を汲《く》む
椀作りの欠け椀
ねぶか屋の赤葉

西洋にも〝仕立屋はひどい服装をし、靴屋は破れ靴をはく〟というのがある。専門家は、ほかの人のことにばかりかまけていて、自分のことはお留守になるのを鋭くとらえる。庶民にはその逆説がおもしろいのであろう。なかなか隅におけない知恵をもっている。

〝ねぶか屋の赤葉〟とは、ネギを売る人が自分は干した葉を食べているというのだ。青いネギ、赤い葉っぱ。

大工はよその家を建てるのに追われていて、自分は掘立小屋に住んでいるというのが〝大工の掘立〟だ。

〝算術者の不身代〟はさきの金もうけの下手な経済学者の類。数学の先生は計算がうまいはずなのに、貧乏して暮すのを皮肉ったもの。

かつて、日系アメリカ人のハヤカワ氏は上院議員になって予算委員会に入れられた。家計のことだって何ひとつわからぬ人間に、国の予算を考えさせるなんてどだい無茶だ、ということをハヤカワ氏は雑誌に書いて評判になった。

ところが、家計の経済観念などまるでないことがかえって、政治家として国家財政を考えるのに適しているらしい、ということをあとで発見した、と本人が書いている。〝算術家の不身代〟の逆もまた真なり、というわけか。

勝てば官軍　負ければ賊

Aは正しいが、Bは誤りである。

数学なら、答えははっきりしている。ところが、それ以外では、あるとき正しい、と思われたことがあとで、そうでなくなることは、いくらだってある。

ガリレオは天動説の教会に対抗して、

「しかし、それは、動く」

と言って、地動説を主張した。しかし、時に利あらず、彼の考えは認められなかった。つまり、地球が動くというのは誤りにされたのである。

おもしろいことに、いまでも、ことばの世界では天動説を承認している。〝日は昇る〟〝日は沈む〟という表現は、太陽が動いているという考えを反映する。天動説が誤りになったのと同時に、こういう言い方はことばとしても否定されなくてはならなかったはずである。

だが、そんな面倒なことはだれもしようとは言わなかった。物理学者だって、太陽が昇る、沈む、と口常では言うほかはない。言語的多数決の前には科学的真理も引っ込まなくてはならないということである。

ガリレオは正しかった。それは後世になってわかったことで、彼が「しかし、それは、動く」と叫んだときは、多数に負けた。邪説《じゃせつ》とみなされたのだ。

正しいことと、そうでないことをきめるのは、思ったほど簡単ではない。そのときどきで判断の基準が変わってくる。

戦争で敵に勝つことは戦争前のわが国では正しいことであった。そのために、おびただしい数の人たちが死んで行った。もちろん、りっぱな目的のために命を捧げたと思って死んだ。

ところが、戦争に負けた。戦勝国から誤った戦争をしたのだと非難された。非難される前に日本人自身で悔いた。恐縮してザンゲすると言った。戦死した人たちの死は否定されなくてはならなくなった。この間まで正しかったことが、突如として、たいへん悪いことにされた。それに反抗して、「しかし、それは動く」と主張することは難しい。もし、主張すれば世間から袋だたきにあうだろう。

〝きのうのことをきょうの目で見るな〟ということわざがあるが、だれだって、きょうの目で、きのうのことを見る。きょうにはきょうの理屈があるのだとは考えない。戦争はいけないというのがきょうの目なら、きのうの戦争はすべていけないことになる。われわれのしていることは、いつ何時そういう目にあうかしれない。法律は〝きのうのことをきょうの目で見るな〟を守ろうとしている珍しい例である。守ってくれないと人々は、おちおち寝ることもできないからである。

かりに、いま、新しい法律ができて、列車の中で喫煙したものは禁固六カ月の刑に処せられることになったとしよう。この法律は、施行された日以後に効力をもつ。決して過去にさかのぼって、適用されることはない。

もし、さかのぼって適用されたらたいへんなことになる。のんきにタバコをすっていた人が罪人になってしまう。同じことがいつおこるかしれないのでは、われわれは生きて行けない。だから、法は過去にさかのぼっては適用されないという大原則がある。これにはだれも異議がないはずだ。

ところが、第二次世界大戦が終って、戦争裁判が行なわれた。国際法の範囲においての裁判は当然である。これは交戦中にもすでに存在した法律にもとづくのであれば過去にさかのぼって適用されないという原則から見ても正当である。

実際には、しかし、戦勝国が集まって敗戦国をこらしめるといった性格が戦争裁判にはあった。負けた国はその不当性を難ずることができない。〝力は正義〟（マイト・イズ・ライト〔Might is right.〕）である。〝勝てば官軍負ければ賊《ぞく》〟をこれほど大規模に見せてくれることはめったにあるものではない。

正義とか、法というものは、たしかに存在する。それは平時のときのこと、いざという異常時になると、超法規的論理がまかり通る。〝勝てば官軍……〟もそれである。人間はそれを肯定し、疑うことなくそれを論理と信じるようにできている。日本人が戦争裁判について戦勝国を非難することはできない。日本が戦勝国になっていたら、同じことをしなかったという保証はないからである。

ひょっとすると、力の裏付けがなくては、正義はあり得ないのかもしれない。逆に、力があれば正義でないものまでも正義にされかねない。それを看破していることのことわざはまことに心にくい。

ただ権力というものは、歴史的である。永久不変の権力はない。時代とともに力は変動する。したがって、本当の正邪は、ある程度、時がたってみないとわからないことになる。

よく歴史を書く人が通史の終りで、つまり、現代に近いところへ来て、言いわけをする。これから先のことはまだ時の試練を経ていない、判断を差し控えるのが賢明であろう、うんぬん。

現代には現代の社会的通念という巨大な化け物があばれまわっている。それによって、正しくないものまで正義を号令しているおそれがある。君子は近づかぬにかぎる、というわけだ。

現代史というものはある。なければほしいのが人情である。ところが、後世に受け容れられるような歴史ができるのは難しい。歴史はある程度、時代がはなれてから書かれるものなのである。

伝記も個人についての歴史的評価を示さなくてはならない。対象の人物についての知識なら、家族とか親戚はほかの人にない強味をもっている。ところが、こういう人たちは伝記の筆者としては失格であることが多い。社長の伝記を部長が書くなどというのはもっとまずい。目に見えない力が加わるから、正しくないものまでが正しいとされる。第三者からすれば歯が浮くような伝記になる。まして、後世の人が見たら紙屑にしか見えない。

伝記を書くには、相手の力が及ばないところにいる必要がある。ちょうど、現在の歴史を書くのに数十年待たなくてはならないのと同じである。

書評などでも力（マイト）が正義（ライト）をゆがめる分野である。著者に対する思惑や感情も判断をゆがめる要因になる。義理で心にもないことを言うのは論外としても、誠実に考えているつもりでも、自覚されない浮世の磁場の中で考えることは、歪んでいる。

それは十年もして再考してみれば、だれの目にもはっきりする。イギリスの権威ある書評紙「タイムズ文芸付録」がかつて二十年前に同紙に掲載した書評を再録したことがある。これはよほど自信がないとできない。

われわれの国でも五年前の書評、時評を再録して、同時代の評価がいかなるものであるかを知らせるのは有益であろう。時の審判に堪える批評をしている人がいたら、社会はその公正な判断に対して最大の敬意を表する必要がある。

圧倒的世論などというのが困るのである。そういう背景があると、どんな間違ったことでもまかり通ってしまう。むしろ、議論は伯仲している方が健全である。会議のあとの票決で満票ということがときどきある。全員賛成、めでたい、と考えるのは誤っている。なにかそうさせる力が加わっているから、そうなるのである。満票の票決は無効であるとしている国もあるらしい。

マイト（力）がライト（正義）にならないようにする工夫も実際にはなされている。体操競技や水泳の飛込競技の採点法は、そのひとつ。かりに十人の審判員がいるとする。その中にある特定の競技者を勝たせたいと思っているものもいよう。勝たせたいと思っているものがあれば、勝たせたくないものもいるに違いない。

そういう人は極端に高い点か低い点を出すだろう。それをのさばらせておいてはまずい。それで、最高点と最低点とを除いて、残りの点を平均する方法がとられる。マイトがライトにならない知恵として注目に値する。

即時性の判断は力関係に左右されやすい。官軍だから勝つということになりかねない。

〝勝てば官軍……〟は、そういう価値基準の難しさを言っているのではなく、どんなことをしても勝たなくてはダメ。すこしくらい不当な手段を使っても、とにかく勝ってしまえば、それが承認される。そういう現実主義を言ったものである。

強いもの勝ち

ともいう。ルールなどあってなきが如し。力で押し通してしまう弱肉強食のこと。

泣く子と地頭には勝てぬ

泣く子の無理は通すよりないが、役人の地頭の言い分も通すほかはない。"長いものには巻かれろ"とともに、庶民のあきらめをことわざにして、いささかでも気を晴らそうとするのであろうか。

小股《また》取っても勝つが本《ほん》

是が非でも勝たなくてはいけない。そのためには正しい手段でなくてもしかたがない。相手のすきに乗じて小股をすくうのは感心したことではないが、勝つためにはやかましいことは言っていられない。

勝てば官軍負ければ賊《ぞく》

というのには、しかし、官軍と賊軍がはじめからあるのではない。勝負次第で、勝った方が官軍、負けた方は賊になる。そういう流動的状況を指しているのである。

英語のことわざに、

だれの得にもならない風は吹《ふ》かないもの

（どんな風だってかならず、だれかはそれによって得をするものだ——〝甲の損は乙の得〞）

〔It is an ill wind that blows nobody good.〕

このことわざに、かつての有名な英語の受験参考書『新々英文解釈法』は〝勝てば官軍負ければ賊〞という訳を与えている。

人間の心理の微妙さにふれたことわざである。

人の行く裏に道あり花の山

〝桃李《とうり》もの言わず下《した》おのずから蹊《みち》を成す〟ここから〝成蹊〟という語が生れて、大学にもこれを名乗るところがある。

桃や李《すもも》は何も言わなくても、つまり自己宣伝めいたことをしなくとも、その花や実にひかれて人が集まってくる。それで木の下に自然に道ができる。徳のある者は自分で求めなくても、徳を慕って人が集まってくるものだということの寓意である。人間は正直なもの。ほかからすすめられなくても、いいものはよく知っていて、放っておいても人気が出る。人が集まってくる。

そして、人間は流行に弱い。人がぞろぞろ行くのを見ると、とにかくついて行きたくなる。ある奥さんが歩いていると、店先に長い列ができている。何を売っていくので、早く並ばないと人に遅れてしまいそうな胸騒ぎがする。とにかく並んでおこう。何を売るのかな、と思うと、胸がはずんでくる。それでその奥さんは列の尻尾についた。

すぐ前に並んでいる奥さんに、「これ何売るんでしょうか」ときいた。するとその奥さん、いわく、「わたしも知らないんですけどね、なーに、こんなに列ができるくらいなら、悪いものであるはずがないって思いましてね、並んだんですよ。わたしも知りたいと思ってたんですけど、ご存知ありません？」

やっと番になって買ってみたら、何でもない道具で、うちにもうあった。何だ、だまされちゃったと、その奥さんは思ったが、家族に言うと、バカにされるから、そっと戸棚の奥にしまい込んだそうだ。これは本当にあった話。これからいくらでも似たことがおこるであろう話である。

桃李もの言わず下おのずから蹊を成す

これは昔からの真理である。もし、そうなら逆も真となっていいと考える人がいてもおかしくない。道が出来ている所には桃李のようないいものがあるに違いない、という論法である。

さきの奥さんもこの論法で列の尻尾にくっついた。年末の列車の指定券を買うのに例年、長い長い列ができる。いまは昔、ものの不自由な時代、配給券なしで、うどんが買えるとなると、さきがかすむほど長い列ができた。列のできる所は、手に入りにくいものを売る所と相場がきまっている。

たまたま、長い列がある。何のために列ができているのかはわからないが、列があるのは、いいものを売るのに違いない。それが何かは、並んでから、ゆっくりきいてもいい。早くしないと、売り切れということになっては大変だ。そして、さきのような次第になる。

これを群集心理というのである。付和雷同とも言う。〝桃李もの言わず下おのずから蹊を成す〟これはよろしい。しかし、逆はかならずしも真ではない。大きな道だと思って歩いていたら、行きどまりということもないとはかぎらない。

のんきな家庭の主婦なら、列について並んでいて、いりもしないものを買わされてしまったというのも愛嬌である。

こういう群集心理はしかし、ノンキな人だけのことではない。すべての人間に大なり小なり見られる本能みたいなものだ。しかし、失敗がちょっとした無駄なら笑ってすませるが、とりかえしのつかない損失になる危険もないとは言えない。

相場師などはさしずめ、もっとも大きな賭をしていることになる。いいかげんな群集心理に動かされていては、損ばかりすることになってしまう。古来、株屋さんの間に、特有のことわざがあるのは、そういう危険をすこしでもすくなくしようとする必死の願いの結果であろう。

ことわざというのは、使えば使うほど味が出てくる。多くの人たちの人生の知恵のエッセンスであるから、当然と言えば当然だが、中でも、株をやる人たちのことわざは、現実を辛く見ている点で特色がある。

相場をはる人が、〝桃李もの言わず……〟を信じて、長い列の尻尾につくようなことをしていてはしょうがない。逆のことわざが用意されている。

人の行く裏に道あり花の山
花というのは桜の花のことである。花見となればどこもたいへんなにぎわい。〝花の命は短い〟から、ぐずぐずしていれば散ってしまう。人がどっと押し寄せる。花の山は人の山となってしまう。花を見るのか、人を見るのかわからない。それでもみんなが行く道だから、ここでなくては花見をしたことにならないような気になり、われもわれもとひしめく。結局、ただただ疲れて帰ってくる。

ところが、その雑踏をあえてさけて、人の通らない道へまぎれこむと、どうだ、すばらしい眺めが、ひとり占めできる。うるさい酔客などはいないから、心ゆくまで花をめでることができる。

人の歩かない道を行くには勇気がいる。ひょっとして、花などまったく影も形もないかもしれない。咲いていれば人の行かないわけがない。やはりみんなについていった方が無難ではあるまいか、という迷いがおこるのは当り前だ。そこをひと思いに思い切って、ひとりの道を行くとすばらしい眺めが待っている。それが、〝人の行く裏に道あり花の山〟の心である。

人の行く道というのは、人気のある銘柄のことである。人が買うからわれも買うというのでいっそう人気が高まる。しかし、そういうものはあまりおもしろ味がない。むしろ、そういう人気もののカゲに放っておかれている宝の山をさがし出すべきだというのだ。そういうのを証券界の人は逆張りと言うらしい。

もっとも、また、〝人の行く……〟がいいからと言って、何でも人の通らぬところばかりほっつきまわっていれば、宝の山にはめぐりあわずに、ガラクタの山にぶつかるくらいが関の山であろう。

つまり、しっかり自分の目でよく見てから判断せよということだ。人気につくのも危い。かといって、やみくもに、人気にさからえばいいというものではない。そこで、株屋さんが逆張りの妙を教えているところがおもしろい。

株屋のことわざでもうひとつ感心するのがある。

もうはまだなり、まだはもうなり

これも人間の心理をうまく衝いている。時期を待っている人にとって、時はゆっくり流れるように思われる。待ちくたびれる。〝もう〟そろそろ、いいのではないかと落着かない。ところが、まだまだ時期尚早なのである。もうすこし待たなくてはいけない。それを〝もうはまだなり〟とやった。

もう売る（買う）時期だと思って、売（買）ったとする。ところが、まだ、早すぎてもうすこし待てばよかったということが実に多い。そういう経験が重なって、このことわざの信用は増す。

反対に、もうがまだだったから、それにこりて、こんどは慎重に行こうとしたご仁があるとする。まだ、まだ、と満を持して、放たず、じっとがまんしている。ところが、その間にチャンスは逃げて行ってしまって、あとの祭りとなる。〝まだ〟は〝もう〟だったのである。〝過ぎたるは猶《なお》、及ばざるがごとし〟で、待ちすぎてもいけないのである。

その次には、もうすこし早く出動しようと思って飛び出すと、ふたたび〝もうはまだなり〟にひっかかるというわけになる。このふたつの間をうろうろしているうちに普通の人間は年をとって行く。そして、タイミングよく決断し行動することがいかに難しいかをしみじみと悟るようになる。

株屋さんだけのことわざにしておくのは惜しい。人間万事、〝もうはまだなり、まだはもうなり〟の連続のように思われる。

不思議なことに、たいていの「ことわざ辞典」などに、さきの〝人の行く……〟にしても、この〝もうはまだなり……〟にしても見当らない。どうしてであろうか。その昔、株屋さんが、いやしい職業のように見られていた時代の偏見によるものであろうか。「ことわざ辞典」の編集をする人たちが、お金に縁がなくて、株屋さんの知り合いをもたないためであろうか。

そんなことはどうでもいいが、株式相場の決戦の場で、人々の汗と苦労によって作り上げられたことわざが一般に知られないで埋れているのはいかにももったいない気がする。

見切り千両

せっかく買ったのだから、手放すのはもったいない。しばらくすると、ずるずる下がりはじめるが、そうなると、よけいに手放しにくくなる。結局、どん底までもって行かれてしまう。そこでじっとこらえる忍耐力があればまだしも、とうとうもち切れないで、そこで売ってしまう。下げかけのところで手放していれば怪我はうんと小さくてすむのに。同じことはいろいろなところで見られる。未練をいかにして断ち切るか。それが難しいからこそ、〝見切り千両〟と言われるのであろう。

〝人の行く裏に道あり……〟と似たようなものに、

友なき方へ行くべし

というのがある。仲間のいる方へ行ってもろくなことはない。ひとりになる勇気をもてということだ。

世の中が不況になるたび、失職の心配のない職業に関心がもたれているのか、公務員とか教師志望がふえる。かつてはなり手がなくてデモシカ教師といわれたころと大違い。リストラがなくていいというのだが、いかにも意気地がない。そういう人には〝友なき方に行くべし〟はよいアドバイスになる。

終りよければすべてよし

会議などで、たくさんの人が次々立ち上がって発言するということがある。あとで思い出そうとしても、混乱してしまって、だれが何と言ったか、頭に残っていない。ただ、いろいろな人がいろいろなことを言ったという印象である。

そういうときでも、最初に口火を切った人のことは比較的強く印象に残っている。それで、どうせものを言うのなら、先陣を切った方がよい。効果がある。他人から長く記憶される。早いもの勝ちだ、という考えが生れる。

機先を制する意味もある。はじめの発言はよくきく、効果的だ。

ところが、また、最後のことばで、とどめを刺すとも言う。はじめのことばに劣らず、いや、それ以上に最後のひとことでことが決する場合もすくなくない。あとで思い出してみても、最後の発言もきわめて印象深く思い出される。

　こうしてみると、はじめと終りが大切であることがよくわかる。あわれなのは、まん中。強い力をもつ最初と最後にはさまれて影が薄い。

　なぜ中間部があいまいにしか残らないのか。ひとつには、前後から干渉されるためである。はじめのことばは強い残曳作用をもっている。あとにつづくことばは、それによってかなり勢いをそがれる。

　また、記憶の中へ入ると、強烈な最後のことばからの溯行《さくこう》作用も受けて、いよいよぼかされる。前後から干渉されているために、なんとなくはっきりしなくなるらしい。

　それに比べて、冒頭の部分はそれより前にそういう干渉を及ぼすものがない。それで強烈になるのだ。最後の部分は、前からの残曳はあるけれども、あとはないのだから、その溯行作用を受けなくてすむ。それで強い力をもつことができる。

　まん中より、はじめと終りの部分の方が有効性が高いのはわかった。では、はじめと終りとでは、どちらが強いか、という問題がある。

　甲と乙とが議論をたたかわすとする。どちらが先に発言するか。甲がさきだとする。乙はおくれて不利だと考えるかもしれない。それだと甲と乙とが先陣競争になってしまう。先がいいか、後がよいか、人によって、好みが違うらしい。

さきに思う存分しゃべりまくって、自分のペースを作っておいた方が得策だと考える人もある。そうかと思うと、あとから発言した方が有利で、先の人が言ったことをひっくりかえしてしまうこともできると考える人もある。

雑誌などで論争がおこると、まず、どちらかが先に口火を切る。それに対して相手が次号で応酬する。これが何回もくりかえされるわけだが、どちらが最後の発言者になるかが、その論争の帰趨《きすう》に大きなかかわりをもつことがすくなくない。当事者はどちらも、自分の発言で終りにしたいと考える。

野球の試合にも先攻と後攻とがある。普通はジャンケンやくじで、きめる。先攻か後攻か、どちらをとるかはチームのくせもあって一概には言えない。先攻を選んだ方がいいと考えるのは、早いところで得点をあげて逃げ切りを得意とするチームはだろう。出足がおそく、じりじり追い上げるような試合をすることの多いチームは後攻めをとるに違いない。

心理的には、後攻の方が分があるように思われる。相手を見てから攻められる。

サヨナラ・ゲームをするチャンスだってある。五分と五分と言いたいところだが、すこし、後攻の方が分がよさそうである。

″はじめが大事″ということわざもあるが、後の方が大事だということわざの方が多いのもこの間の事情を反映しているような気がする。

″はじめ半分″というのは、はじめを重視し、スタートでことが決するのだと考える。これに対して″百里の道は九十里が半ば″というのがある。″百里行く者は九十里を半ばとす″とも言う。これは、最後の十里が、それまでの九十里にひってきするほど苦しいとの意で、あきらかに、終りに重点をおいている。

ことわざではないが、″有終の美″は、ものごとを最後までしっかりやりとげてりっぱな成果をあげることである。やはり、しめくくりに注目している。

″画竜点睛《がりようてんせい》″とは、最後の仕上げを言う。昔、中国の画家がある寺に一頭の竜を描いたが、睛(ひとみ)を入れないでおいた。そして、画家は人々に言った。もし睛を入れれば、たちまち竜は飛び去ってしまうであろうと。きく人、これを信ぜず、でたらめだと噂した。そこで、その画家が、一方の竜に睛を点じたところ、雷電のように壁を破って、天にのぼってしまった。もう一方は睛を入れずそのままにしておいたから、そこに残っていたという。これが〝画竜点睛〟の故事である。最後のきめ手というわけだ。仕上げの一筆である。

〝画竜点睛を欠く〟と言えば、全体はよくできているのだが、かんじんなところが欠けていて惜しい、の意味である。

〝九仞《きゅうじん》の功を一簣《き》に虧《か》く〟も中国の古典（書経）に由来することばである。九仞の仞は八尺のこと。九仞はたいへんな高さである。土を盛り上げてそういう高い築山をつくるときにも、最後の一簣（ひともっこ）の土がなければ築山は完成しない。九分九厘までできたことでも、最後のちょっとした失敗で全体が台なしになってしまう、と言うのである。〝百里の道は九十里が半ば〟と同じように終りを重んじる。

〝竜頭蛇尾〟というのは、はじめはりっぱであるのに、終りがさっぱりさえない意である。〝はじめ半分〟の思想で、はじめに力を入れすぎると、こういう尻切れとんぼになりやすい。

〝九仞の功を一簣に虧く〟に相当するものをわが国のことわざに求めるとすれば、〝磯ぎわで舟を破《わ》る〟がある。

長い海路を無事にやってきて、いよいよ岸に着くという所で気がゆるむのか、思いもかけない事故をおこして、舟を沈めてしまうようなことがおこらないともかぎらない。危険な沖合いでは緊張しているからかえって無事なのに、もうあと一歩という所で油断、失敗することが多い。心のゆるみが招く危険を衝いている。

長い階段を昇って行くとき、もうあと二、三段で昇りつめるという所までくると、つい気がはやって、かけ上がりたくなるものだ。しかし、そんなとき、えてして、つまずきやすい。〝磯ぎわで舟を破る〟と同じである。

夏の海へ海水浴に行く。水着になった人たちが浜辺をおりて行く。そして、あとわずかで波打ちぎわという所になると、大人もこどもも走り出す。心がせくのであろう。そこに、ひょっとしたら、心のすきができる。それが、〝磯ぎわで舟を破る〟ことになるのだろう。

日本にはこのように、終りを重んじることわざがたくさんある。それに対して、〝はじめよければすべてよし〟の類のものがすくないように思われる。おもしろいのは、英語にはこのはじめを重視するものがいくらか多いように感じられることである。

これは、ただ、ことわざだけの問題ではないかもしれない。何事によらず、ヨーロッパ語では、はじめに大切なことを出してしまう発想の方式が普通《ふつう》である。

「君はAをBよりもすぐれていると思うか」

と言う問いに対して、英語なら、

「しかり、そうである（AはBよりすぐれている）」

「いや、そうではない（AはBよりすぐれていない）」

と答える。理由があれば、そのあとに、「なぜなら」とつづけてのべるだろう。

それに引きかえ、われわれの日本語では、

「そうですね、Bはこのごろ調子がおかしくなっていますから、やはり、Aの方がいいでしょうね」

などと、終りの部分に最重要なことをおく。はじめよりも終りである。

これを端的に示しているのが、落語である。はじめのところは〝マクラ〟をふる。本題に関係のないような話である。いちばん終りのところに、〝落ち〟とか〝下げ〟と言われるものが来て、これが話のカナメになる。落語を愛してきた日本人は、有終の美を大切にするのだと言えそうだ。

ヨーロッパ人がより多く、スタートで勝負をきめようとしているとするなら、日本人はゴール直前の追い込みにかけるのだ。

そういうヨーロッパにも、〝終りよければすべてよし〟という〝画竜点睛〟式のことわざがある。シェイクスピアは、これをその戯曲の外題《げだい》にした。

＊

この本も、これで終りである。はたして、うまいしめくくりになっているかどうか、はなはだ心もとないが、縁起をかついで〝終りよければすべてよし〟をもって幕をひくことにする。

ことわざ索引

（太数字は見出し項目、＊は外国のことわざ）

か行

な行

は行

ま行

や行

ら行

わ行

あとがき

高等学校で、ことわざを作らせるところがある。進んだ国語教育の試みなのであろう。それにつけても、ひところ、アメリカの学校がこどもたちに、俳句を模したハイク・ポエムをつくらせる作文教育をしていることが思い合わされる。

俳句ならこどもにも出来ないことはないけれど、ことわざは、人生経験をふまえているから、これからが人生というものの手には余る。ことわざをつくるには、生活経験、世間智、洞察力などが欠かせないが、ぼんやりしていれば、一生、そういうものとかかわりなくすごすこともないわけではない。いわんや若い人である。知恵を学ぶことは出来ても知恵をつくり出すのは難しい。ことわざは知恵のことばである。高校生がことわざを作るのはやはり無理なような気がする。

そこへ行くと、何十年も生きてきて、それなりの哀歓、苦楽を味わった中高年者なら話は別になる。かくれて見えない人間の心理、道理などを見つけ出し、簡潔な表現にまとめるのは、これまであまり例はなかったが、新しい創作である。俳句を作る人ははなはだ多く、近ごろは川柳をたしなむ人もふえているが、本気になってことわざ作りをしている人はほとんどいないのではなかろうか。しかし、一句でも、二句でも、人口に膾炙《かいしゃ》し、後の時代にのこることわざを創るというのは、考えるだけでもたのしい。

ことわざは、いま、新しい文化として生まれ変わろうとしている。

平成十九年初夏

外山滋比古

本書は一九七九年九月十日、東京書籍より刊行された。

ちくま学芸文庫

ことわざの論理《ろんり》

二〇〇七年七月十日　第一刷発行
二〇二一年十月五日　第九刷発行

著者　外山滋比古（とやま・しげひこ）
発行者　喜入冬子
発行所　株式会社　筑摩書房
東京都台東区蔵前二―五―三　〒一一一―八七五五
電話番号　〇三―五六八七―二六〇一（代表）
装幀者　安野光雅
印刷所　明和印刷株式会社
製本所　株式会社積信堂

ISBN978-4-480-09088-1 C0195